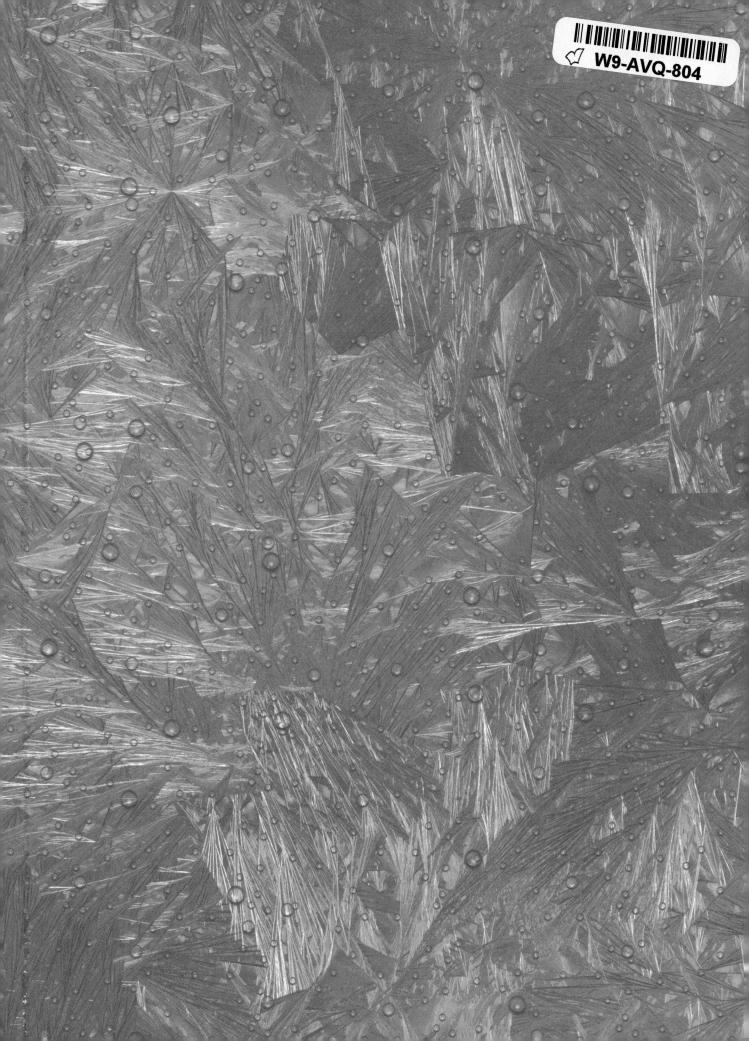

# Polar Bears

# MACMILLAN McGRAW-HILL

# Ciencias

Lucy H. Daniel

Jay Hackett

Richard H. Moyer

JoAnne Vasquez

## Sobre la portada

Los osos polares viven en el Ártico, donde hay nieve y hielo.

Los osos polares tienen pelaje blanco o amarillo claro. Esto les permite esconderse en la nieve.

INVESTIGACIÓN ¿Qué más te gustaría saber sobre los osos polares? Escribe tus propias preguntas.

# Program Authors

**Dr. Lucy H. Daniel**
Teacher, Consultant
Rutherford County Schools, North Carolina

**Dr. Jay Hackett**
Professor Emeritus of Earth Sciences
University of Northern Colorado

**Dr. Richard H. Moyer**
Professor of Science Education
University of Michigan-Dearborn

**Dr. JoAnne Vasquez**
Elementary Science Education Consultant
Mesa Public Schools, Arizona
NSTA Past President

# Contributing Authors

**Lucille Villegas Barrera, M.Ed.**
Elementary Science Supervisor
Houston Independent School District
Houston, Texas

**Mulugheta Teferi, M.A.**
St. Louis Public Schools
St. Louis, Missouri

**Dinah Zike, M.Ed.**
Dinah Might Adventures LP
San Antonio, Texas

The features in this textbook entitled "Artículos asombrosos," as well as the unit openers, were developed in collaboration with the National Geographic Society's School Publishing Division.

Copyright © 2002 National Geographic Society. All rights reserved.

**RFB&D**
learning through listening

Students with print disabilities may be eligible to obtain an accessible, audio version of the pupil edition of this textbook. Please call Recording for the Blind & Dyslexic at 1-800-221-4792 for complete information.

*The McGraw-Hill Companies*

**Macmillan McGraw-Hill**

Published by Macmillan/McGraw-Hill, of McGraw-Hill Education, a division of The McGraw-Hill Companies, Inc., Two Penn Plaza, New York, New York 10121.

Printed in the United States of America

ISBN 0-02-282339-5/1
1 2 3 4 5 6 7 8 9 110/043 09 08 07 06 05 04

## Consultants

**Dr. Carol Baskin**
University of Kentucky
Lexington, KY

**Dr. Joe W. Crim**
University of Georgia
Athens, GA

**Dr. Marie DiBerardino**
Allegheny University of
Health Sciences
Philadelphia, PA

**Dr. R. E. Duhrkopf**
Baylor University
Waco, TX

**Dr. Dennis L. Nelson**
Montana State University
Bozeman, MT

**Dr. Fred Sack**
Ohio State University
Columbus, OH

**Dr. Martin VanDyke**
Denver, CO

**Dr. E. Peter Volpe**
Mercer University
Macon, GA

## Consultants

**Dr. Clarke Alexander**
Skidaway Institute of
Oceanography
Savannah, GA

**Dr. Suellen Cabe**
Pembroke State University
Pembroke, NC

**Dr. Thomas A. Davies**
Texas A & M University
College Station, TX

**Dr. Ed Geary**
Geological Society of America
Boulder, CO

**Dr. David C. Kopaska-Merkel**
Geological Survey of Alabama
Tuscaloosa, AL

## Consultants

**Dr. Bonnie Buratti**
Jet Propulsion Lab
Pasadena, CA

**Dr. Shawn Carlson**
Society of Amateur Scientists
San Diego, CA

**Dr. Karen Kwitter**
Williams College
Williamstown, MA

**Dr. Steven Souza**
Williamstown, MA

**Dr. Joseph P. Straley**
University of Kentucky
Lexington, KY

**Dr. Thomas Troland**
University of Kentucky
Lexington, KY

**Dr. Josephine Davis Wallace**
University of North Carolina
Charlotte, NC

### Consultant for Primary Grades

**Donna Harrell Lubcker**
East Texas Baptist University
Marshall, TX

## Teacher Reviewers (continued)

**Beth Lewis**
Wilmington, North Carolina

**Cindy Hatchell**
Wilmington, North Carolina

**Cindy Kahler**
Carrborro, North Carolina

**Diane Leusky**
Chapel Hill, North Carolina

**Heather Sutton**
Wilmington, North Carolina

**Crystal Stephens**
Valdese, North Carolina

**Meg Millard**
Chapel Hill, North Carolina

**Patricia Underwood**
Randleman, North Carolina

**E. Joy Mermin**
Chapel Hill, North Carolina

**Yolanda Evans**
Wilmington, North Carolina

**Tim Gilbride**
Pennsauken, New Jersey

**Helene Reifowitz**
Nesconsit, New York

**Tina Craig**
Tulsa, Oklahoma

**Deborah Harwell**
Lawton, Oklahoma

**Kathleen Conn**
West Chester, Pennsylvania

**Heath Renninger Zerbe**
Tremont, Pennsylvania

**Patricia Armillei**
Holland, Pennsylvania

**Sue Workman**
Cedar City, Utah

**Peg Jensen**
Hartford, Wisconsin

Cuando era niña, mi sueño era ser astronauta.
¡Y estudiar ciencias lo hizo posible!

Siempre me gustaron las ciencias. Los planetas
y las estrellas eran mis preferidos. Como
astronauta me lancé a una gran aventura.
El transbordador espacial despegó y
antes de que me diera cuenta,
¡ya estaba en el espacio!

Quizás tienes un sueño como el mío.
Tal vez quieras explorar Marte,
o quizás tu sueño sea diferente.
Cualquiera que sea tu sueño, las
ciencias te ayudarán a realizarlo.
Te servirán para entender
el mundo.

Las ciencias me llevaron al
espacio. ¡También a ti te
pueden llevar a donde quieras!

¡Llega a las estrellas!

# Acércate a las ciencias

# Unidad A

## Ciencias de la vida

# Las plantas son seres vivos PÁGINA A1

# Los animales son seres vivos PÁGINA B1

# Unidad C

# El cielo y el tiempo

## PÁGINA C1

# Cuidemos la Tierra

## PÁGINA D1

## Ciencias físicas

# Materia en todas partes PÁGINA E1

## Ciencias físicas

# En movimiento PÁGINA F1

# Referencia

## Manual de destrezas

## Manual de ciencias

## Manual de salud

Lávate las manos después de cada actividad.

Lee las instrucciones varias veces antes de comenzar.

**Cuando veas esto:**

## ¡TEN CUIDADO!

Ten cuidado con los objetos de vidrio y los afilados.

**Debes tener cuidado.**

Cubre tu ropa o usa ropa vieja.

**Escucha al maestro.**

**Nunca pruebes ni huelas algo a menos que te lo diga el maestro.**

**Mantén limpio tu lugar de trabajo. Límpialo cuando termines.**

**Avísale inmediatamente al maestro cuando haya accidentes o derrames.**

**Usa gafas protectoras cuando te lo pidan.**

No toques plantas ni animales a menos que te lo diga el maestro.

Avísale inmediatamente al maestro cuando haya accidentes o derrames.

Escucha al maestro.

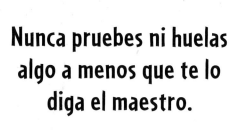

No te separes del grupo.

Nunca pruebes ni huelas algo a menos que te lo diga el maestro.

Nunca tires la basura al suelo.

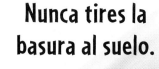

Pon los seres vivos en el lugar donde los encontraste.

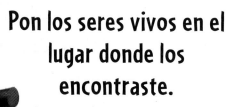

## ¿Qué animal es éste?

# ¡Un pez!

¿Alguna vez te has preguntado sobre las cosas que ves? ¿Cómo puedes averiguar algo acerca del mundo que te rodea?

1

Los científicos usan destrezas para responder a las preguntas acerca del mundo. Estas son algunas de las destrezas que usan.

- observar
- inferir
- predecir
- comunicar
- medir
- ordenar
- comparar
- clasificar
- investigar
- hacer modelos
- sacar conclusiones

Los científicos **observan**.
Mira la fotografía.
¿Qué es lo que ves?

Los científicos **infieren**.
¿Hacía calor o frío cuando
se tomó esta fotografía?

Los científicos **predicen**. ¿Qué sucederá cuando el tiempo esté más cálido?

Los científicos **comunican**. Comparte tus respuestas con los demás.

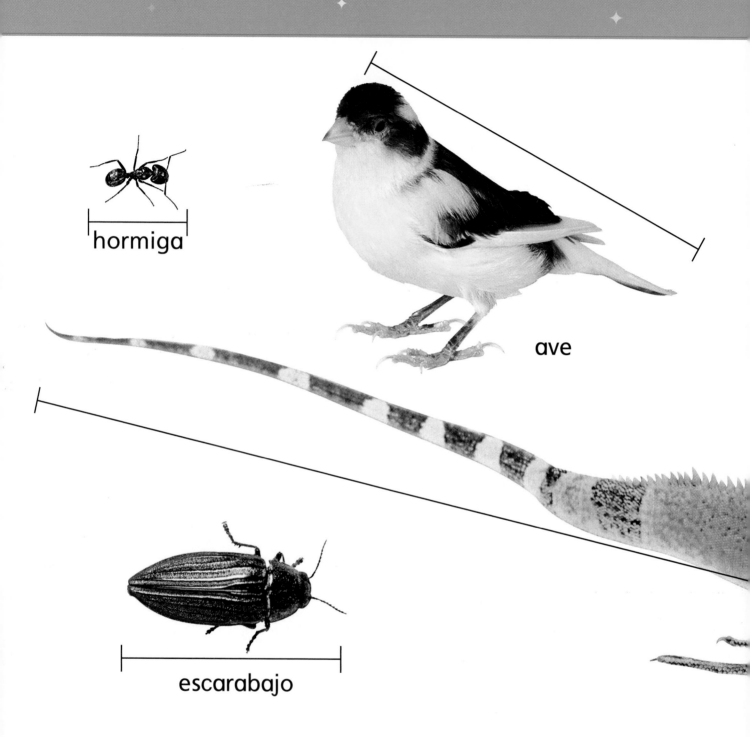

hormiga

ave

escarabajo

Los científicos **miden**.
¿Qué animal es el más pequeño?
¿Qué animal es el más grande?

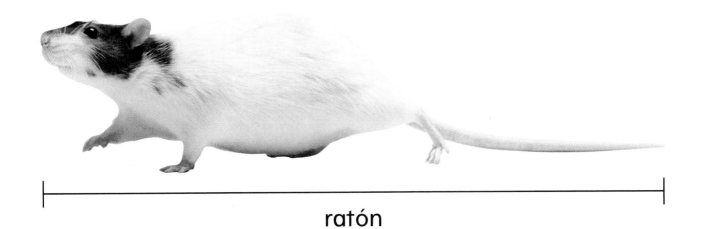

ratón

iguana

Los científicos ordenan. Ordena los animales de mayor a menor tamaño.

cienpiés

tarántula

mariposa

escarabajo

Los científicos comparan.
¿En qué se parecen los animales?
¿En qué se diferencian?

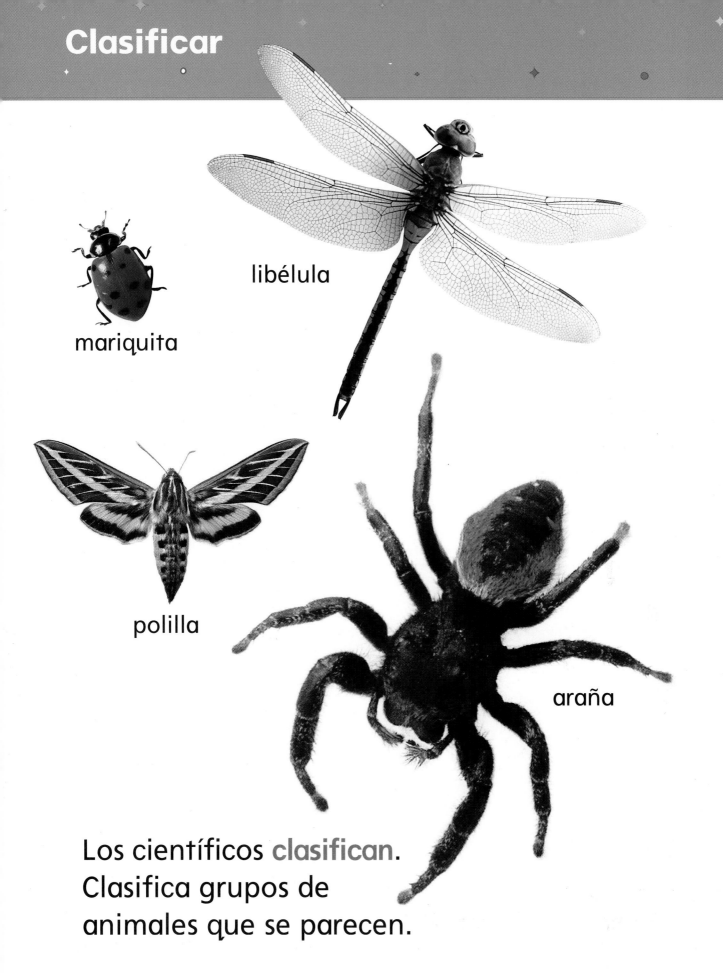

libélula

mariquita

polilla

araña

Los científicos clasifican.
Clasifica grupos de
animales que se parecen.

Los científicos **investigan**.
¿Cómo es una hormiga?
¿Cómo podrías averiguarlo?

Los científicos **hacen modelos**. ¿Cómo puede ayudarte un modelo a aprender sobre las hormigas?

Los científicos **sacan conclusiones**. ¿En cuántas partes se divide el cuerpo de una hormiga?

Los científicos usan destrezas para aprender lo que se conoce acerca del mundo. Estas son algunas destrezas que usan.

- **usar ilustraciones**
- **escribir**
- **buscar información**
- **usar instrumentos**

### Hormigas

partes del cuerpo

patas

Las hormigas son insectos. Como todos los insectos, las hormigas tienen el cuerpo dividido en tres partes y seis patas.

¡Las hormigas son muy fuertes! ¡Pueden levantar 50 veces su propio peso!

### Arañas

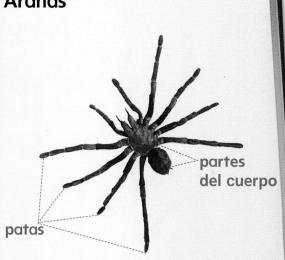

partes del cuerpo

patas

Las arañas tienen el cuerpo dividido en dos partes y ocho patas. La mayoría tienen ocho ojos y no tienen oídos. Usan el pelo de sus patas para percibir los sonidos.

Los científicos **usan ilustraciones**.
¿Las arañas son insectos?
¿Cómo lo sabes?

Los científicos **escriben**.
Mira la fotografía.
Escribe sobre lo que ves.

# Buscar información

Los científicos **buscan información**. Usa Internet o un libro para averiguar algo sobre los osos.

tijeras

espejo

lupa

termómetro

regla

¿Eres un científico?

Los científicos usan instrumentos.
¿Eres un científico? Escoge el instrumento correcto para averiguarlo.

16

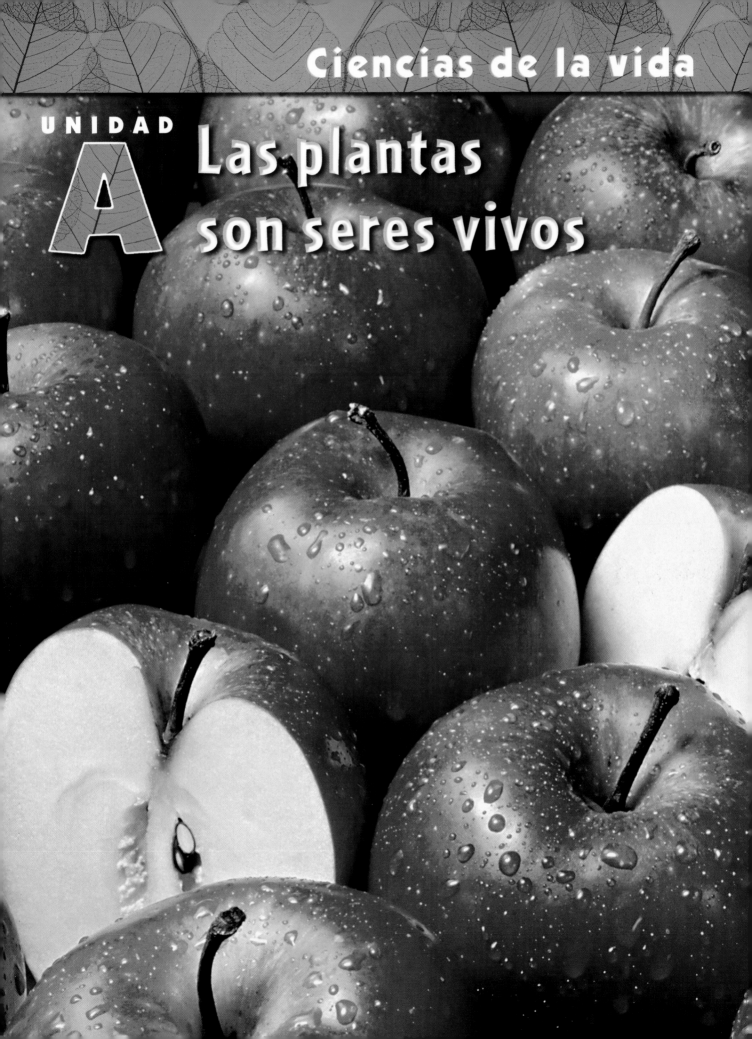

UNIDAD

**A**

# Las plantas son seres vivos

# Las plantas son seres vivos

## ¡Mira!

Di algo sobre este fruto.
¿De qué color es?
¿De dónde vino?
¡Mira bien!

# Todo sobre
# los seres vivos

## ¿Te has preguntado?

¿Qué es un ser vivo? La niña es un ser vivo. Su sombrero no lo es.

**DESTREZA DE INVESTIGACIÓN** Observa qué otros seres vivos hay en la foto. ¿Cómo sabes que son seres vivos?

**A 3**

# Tus sentidos

## Para comenzar

Tú puedes ver, oir, tocar, saborear y oler. Para observar usas tus sentidos. ¿Qué están observando estas personas?

### Destreza de investigación

**Observas** cuando ves, oyes, saboreas, tocas o hueles.

A

# Actividad: ¡A explorar!

## ¿Qué observas?

### ¿Qué hacer?

**1** **Observa** cada objeto. ¿Qué es lo que ves? ¿Cómo es cada objeto cuando lo tocas?

**2** Di algo sobre lo que observas.

**3** MÁS INVESTIGACIÓN

**Observa** otros objetos del salón de clases. ¿Son como la pelota o la esponja?

pelota

esponja

## ¿Cómo ves y oyes?

Tienes cinco **sentidos**. Son la vista, el oído, el gusto, el olfato y el tacto. Usas los sentidos para conocer el mundo que te rodea.

Ves con tus ojos. El sentido de la vista te permite ver las cosas.

Usas tus oídos para oír. El sentido del oído te permite apreciar el sonido de las cosas.

¿Cómo oyen los niños?

# ¿Cómo saboreas, hueles y tocas?

Usas la lengua para saborear. El gusto te permite saber qué alimentos comes.

Usas tu nariz para oler. Por el olor puedes reconocer ciertas cosas.

Usas tus manos para tocar.
Por el tacto, te das cuenta
de cómo son las cosas.

▷ **¿Cómo están usando sus
sentidos estas niñas?**

# Piensa y escribe

1. ¿Cuáles son tus cinco sentidos?

2. ¿Qué sentidos usas cuando
   comes?

**Más
para leer**    Lee **Mis cinco sentidos**
de Aliki

# Seres vivos y objetos inanimados

## Para comenzar

¿Qué perro es un ser vivo? ¿Qué perro es un objeto inanimado? ¿Cómo lo sabes?

**Destreza de investigación**

**Comparas** cuando observas en qué se parecen y en qué se diferencian las cosas.

A

# Actividad: ¡A explorar!

Necesitas

## ¿En qué se diferencian estos animales?

papel

lápiz

### ¿Qué hacer?

**1** Mira el animal de juguete de abajo. Haz una lista de lo que observas.

**2** Mira el perro. Haz una lista de lo que observas.

**3** Compara tus listas. ¿En qué se diferencian? Habla sobre las listas.

**4** MÁS INVESTIGACIÓN Compara un perro con un gato. ¿En qué se parecen? ¿En qué se diferencian?

## ¿Qué son los seres vivos?

Los **seres vivos** crecen y cambian. Necesitan aire, alimento, agua y un lugar para vivir. Pueden reproducirse. Los animales, las plantas y las personas son seres vivos.

aire

agua

▷ ¿Qué fotografías muestran seres vivos? ¿Cómo sabes que son seres vivos?

alimento

## ¿Qué son los objetos inanimados?

Los **objetos inanimados** no crecen. Tampoco necesitan aire, alimento o agua. Los autos y las rocas son objetos inanimados. Los autos son hechos por las personas. Las rocas, no.

▷ ¿Cómo sabes que los creyones son objetos inanimados?

# Piensa y escribe

1. Nombra algunos seres vivos.

2. ¿Cómo puedes saber si algo es un objeto inanimado?

**Actividad para el hogar**

Con un familiar, busca tres seres vivos y tres objetos inanimados.

# Haz un collage

Usamos el sentido del tacto para aprender cómo son las cosas.

## ¡Inténtalo!

Haz un collage. Busca objetos diferentes. Pégalos sobre un pedazo de papel. Pide a tus compañeros que cierren los ojos. Diles que toquen tu collage. ¿Pueden decir qué es cada cosa?

**CD-ROM Noticiero Científico**
Elige **Clave de esqueletos** para aprender más sobre el tema.

# Un jardín japonés

Algunos jardines en Japón se parecen a éste. En los jardines hay seres vivos y objetos inanimados. Este jardín es un lugar tranquilo.

## ¡Inténtalo!

**Escritura comparativa** Los seres vivos crecen. Necesitan aire, alimento y agua. Los objetos inanimados no crecen. Compara un ser vivo que habite en un jardín con un objeto inanimado. Escribe en qué se diferencian.

## Vocabulario

**seres vivos,** AI2

**objetos inanimados,** AI3

Usa las palabras del vocabulario para describir las ilustraciones.

**1**

**2**

**3**

**4**

## Conceptos de ciencias

¿Qué sentidos están usando estos niños?

**5**

**6**

**7**

**8** Di qué partes del cuerpo usas cuando ves, oyes, tocas, saboreas y hueles.

## Destreza de investigación: Observar

¿Qué observación puedes hacer de estas ilustraciones?

**9**

**10**

**11**

**12**

**LEE**
**¿Grande?** de Rachel Lear

## ¿Te has preguntado?

DESTREZA DE INVESTIGACIÓN Ahora sabes que hay seres vivos y objetos inanimados. **Compara** un barco con un pez.

## ¿Te has preguntado?

¿Qué tan grandes pueden ser algunas plantas? Las calabazas pueden ser muy grandes. Estas calabazas son tan grandes que las personas hicieron botes con ellas.

**DESTREZA DE INVESTIGACIÓN** **Compara** otras maneras en que las personas usan las plantas.

**A 19**

# Las plantas son seres vivos

## Para comenzar

Observa esta planta. Está recibiendo algo que necesita. ¿Qué es?

### Destreza de investigación

Te **comunicas** cuando escribes, dibujas o comentas tus ideas.

# Actividad: ¡A explorar!

## ¿Qué le ocurre a una planta que no recibe agua?

dos plantas
con rótulos

### ¿Qué hacer?

**1** Coloca las dos plantas en un lugar soleado.

**2** Riega una de las plantas. No riegues la otra. Observa las dos plantas después de una semana.

agua

**3** MÁS INVESTIGACIÓN **Comunica** cualquier cambio que veas.

# ¿Qué necesitan las plantas para vivir?

Las plantas son seres vivos. Necesitan agua, aire, espacio y luz para crecer. No pueden vivir sin estas cosas.

con agua

sin agua

Las plantas usan agua, aire y luz para producir su propio alimento. Cuando producen su alimento, emiten **oxígeno**. Las personas y los animales usan ese oxígeno para respirar.

▷ **¿Qué le pasa a una planta que no recibe lo que necesita?**

con luz

sin luz

# ¿Dónde hay plantas?

Hay plantas en casi cualquier lugar. Las plantas crecen donde reciben lo que necesitan para vivir.

lugar seco y caluroso

lugar frío

Las plantas tienen partes que les permiten adaptarse a su medio ambiente para poder vivir. Un cactus tiene espinas que le permiten vivir en lugares calurosos y secos. Algunos árboles tienen raíces especiales que les permiten vivir en lugares húmedos.

**lugar húmedo**

▷ **¿En qué lugares crecen las plantas?**

# Piensa y escribe

1. ¿Qué necesitan las plantas para vivir?
2. ¿Por qué las plantas crecen en diferentes tipos de lugares?

**Actividad para el hogar**

Con un familiar, busca plantas en tu vecindario. Habla sobre los lugares donde crecen las plantas.

# Las partes de las plantas

## Para comenzar

Observa con atención. ¿En qué se parecen estas plantas? ¿En qué se diferencian?

## Destreza de investigación

**Comparas** cuando observas en qué se parecen y en qué se diferencian las cosas.

# Actividad: ¡A explorar!

## ¿En qué se parecen y en qué se diferencian las partes de las plantas?

### ¿Qué hacer?

**1** Observa las plantas con una lupa. Lávate las manos. Haz un dibujo de cada planta.

**2** **Compara** tus dibujos. ¿Las plantas tienen partes que se parecen? Enciérralas en un círculo. Habla sobre ellas.

**3** MÁS INVESTIGACIÓN **Compara** tus dibujos otra vez. Di en qué se diferencian las plantas.

planta de rábano fresco

planta de crisantemo

creyones

papel para dibujar

lupa

## ¿Cuáles son las partes de una planta?

La mayoría de las plantas tienen raíces, tallos y hojas. Estas partes mantienen vivas a las plantas. Toman el agua, el aire y la luz que las plantas necesitan.

tallo

hojas

raíces

**flores**

**frutos**

**semillas**

La mayoría de las semillas provienen de las flores. De las flores crecen los frutos. Las semillas pueden hallarse dentro de los frutos.

Puedes comer las partes de algunas plantas. No puedes comer las partes de otras.

▷ **¿Qué partes de la planta de margarita ves?**

**margarita**

# Piensa y escribe

1. ¿Qué partes tienen la mayoría de las plantas?

2. ¿De dónde provienen la mayoría de las semillas.

**www.science.mmhschool.com**
Para obtener más información sobre el tema.

## Para comenzar

El viento sopla fuerte, pero al árbol no se lo lleva el viento. ¿Qué lo mantiene en su lugar? Di cómo lo sabes.

### Destreza de investigación

Te **comunicas** cuando escribes, dibujas o comentas tus ideas.

# Actividad: ¡A explorar!

## ¿Qué observas en las raíces?

### ¿Qué hacer?

**1** Saca la planta de la maceta con cuidado.

**2** Observa las raíces con la lupa. Lávate las manos.

**3** Haz un dibujo de las raíces.

**4** MÁS INVESTIGACIÓN Comunica por qué crees que las raíces son importantes para una planta.

Necesitas

planta

lupa

creyones

## ¿Qué hacen las raíces?

Las **raíces** absorben el agua para la planta. Crecen hacia abajo dentro de la tierra. Mantienen a la planta en su lugar.

**diente de león con raíces**

Algunas raíces crecen con profundidad en la tierra. Otras no crecen con profundidad.

▷ ¿Por qué son importantes las raíces?

## Piensa y escribe

1. ¿Qué hacen las raíces?
2. ¿Se parecen todas las raíces? Habla sobre eso.

**pasto con raíces**

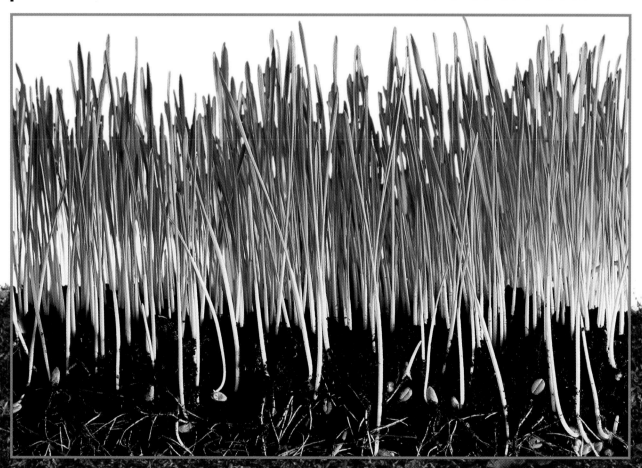

**CONÉCTATE** www.science.mmhschool.com
Para obtener más información sobre el tema.

# Tallos y hojas

## Para comenzar

Estas plantas absorben agua. El agua va de las raíces a todas las partes de la planta. ¿Cómo llega a esas partes?

### Destreza de investigación

**Sacas una conclusión** cuando usas lo que observas para explicar lo que sucede.

# Actividad: ¡A explorar!

## ¿Cómo viaja el agua a través de una planta?

### ¿Qué hacer?

**1** Coloca una flor en el frasco con agua.

**2** Dobla con cuidado el tallo de la otra flor. Colócala en el frasco. Lávate las manos.

**3** Al día siguiente, observa las flores.

**4** MÁS INVESTIGACIÓN Saca **una conclusión** sobre lo que ves.

A 35

### Necesitas

2 flores blancas

frasco con agua con colorante

## ¿Qué hacen los tallos?

El **tallo** lleva lo que la planta necesita a todas las partes de la planta. Lleva el agua de las raíces a las hojas. Lleva el alimento de las hojas a las raíces y al resto de la planta. El tallo también sostiene la planta.

alimento —— agua

Los tallos pueden ser de muchos tamaños y colores. Los tallos de muchas flores son verdes y delgados. Los tallos de los árboles son oscuros y gruesos. A éstos se les llama **troncos**.

▷ ¿Cómo pasa el agua a las hojas?
¿Cómo pasa el alimento a las raíces?

tronco

tallo

# ¿Qué hacen las hojas?

Las **hojas** producen el alimento para la planta. Las hojas toman aire y usan la luz para hacer alimento. También usan el agua de la tierra.

hoja de arce

hoja de costilla de Adán

hoja de castaño

hoja de ginkgo

hoja de pino

Plantas diferentes tienen hojas diferentes. Las hojas pueden tener diferentes formas, tamaños y colores.

▷ **¿En qué se parecen estas hojas?**
**¿En qué se diferencian?**

# Piensa y escribe

1. ¿Qué hacen los tallos?
2. ¿Qué hacen las hojas?

CONÉCTATE **www.science.mmhschool.com**
Para obtener más información sobre el tema.

hoja de
madreselva

# Semillas

No todas las semillas son iguales. Di en qué se diferencian estas semillas.

**Destreza de investigación**
**Clasificas** cuando agrupas cosas según características comunes.

# Actividad: ¡A explorar!

## ¿Cómo puedes clasificar las semillas?

semillas

### ¿Qué hacer?

**1** Observa las semillas con una lupa. Clasifica las semillas en grupos.

pegamento

**2** Observa cada grupo. Pega cada tipo diferente de semilla sobre la tabla. Lávate las manos. Completa la tabla.

lupa

**3** MÁS INVESTIGACIÓN Clasifica las semillas de otra manera. Comenta con otros compañeros sobre tus grupos.

| semilla | color | forma | tamaño | textura |
|---------|-------|-------|--------|---------|
|         |       |       |        |         |

semilla

## ¿Qué es una semilla?

Una **semilla** es la parte de la planta que produce una planta nueva.

manzanas

Una semilla se convierte en el mismo tipo de planta del que proviene. Una semilla de manzana se convierte en un manzano.

**guisantes**

**calabazas**

> **¿En qué se convierte una semilla de calabaza?**

# Piensa y escribe

**1.** ¿Qué es una semilla?

**2.** ¿Qué crecerá de una semilla de pino?

**Actividad para el hogar**

Haz una ensalada de fruta con la ayuda de un familiar. ¿Qué semillas ves?

# Las plantas crecen y cambian

## Para comenzar

Las personas plantan semillas. Las riegan. ¿Qué crees que les ocurrirá a las semillas?

### Destreza de investigación

**Investigas** cuando haces un plan y lo pruebas.

# Actividad: ¡A explorar!

## ¿Qué necesitan las semillas para crecer?

### ¿Qué hacer?

**1** Coloca una semilla sobre una toalla de papel seca. Coloca la toalla dentro de la bolsa con cierre.

**2** Repite lo anterior colocando la otra semilla sobre una toalla húmeda.

**3** Coloca las dos bolsas en un sitio cálido. Lávate las manos.

**4** Después de unos días, observa las dos semillas con una lupa.

**5** MÁS INVESTIGACIÓN Investiga lo que pasaría si una semilla tuviera luz y la otra no.

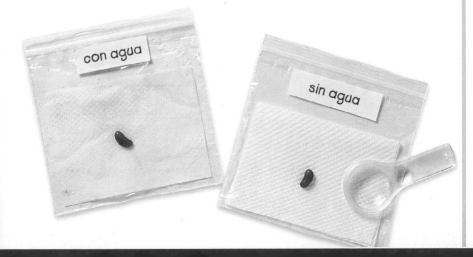

### Necesitas

semillas

toallas de papel

agua

lupa

bolsas de plástico con cierre

# ¿Cómo crecen las semillas?

Una semilla crece cuando recibe agua y calor. A una planta muy joven se le llama **plántula**.

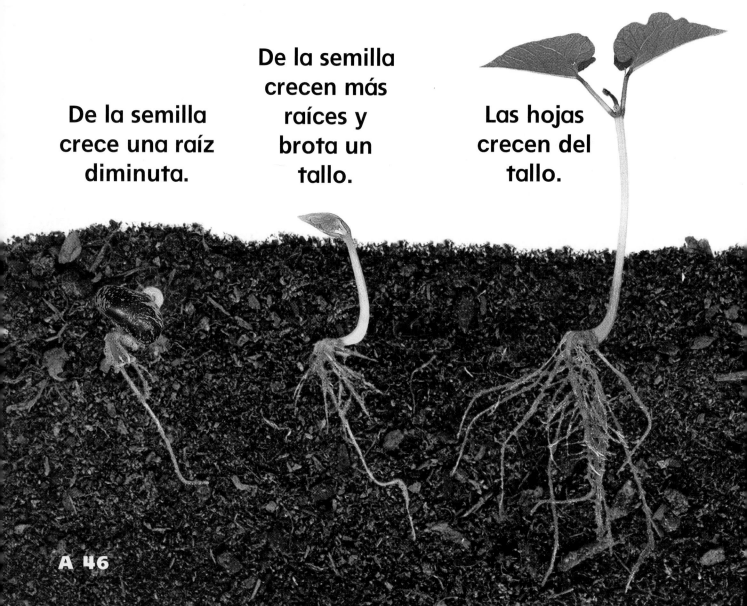

De la semilla crece una raíz diminuta.

De la semilla crecen más raíces y brota un tallo.

Las hojas crecen del tallo.

Pronto, será una planta adulta. Se parecerá en varias cosas a la planta de la que proviene. Más adelante, la planta producirá sus propias semillas.

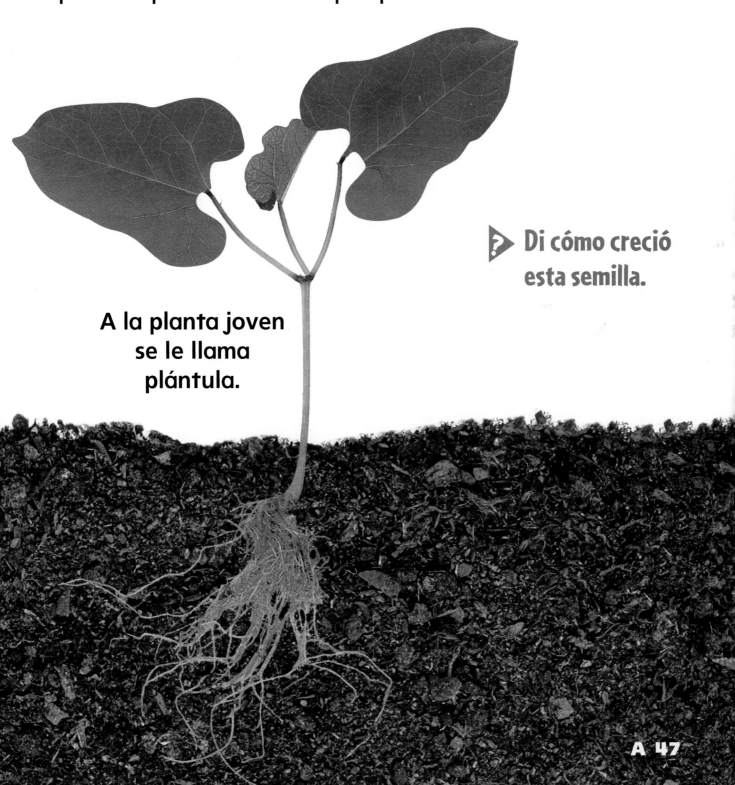

**Di cómo creció esta semilla.**

**A la planta joven se le llama plántula.**

# ¿Cómo producen semillas las plantas?

Muchas plantas tienen **flores** . Las flores producen las semillas. Los **frutos** son las partes de la planta que crecen alrededor de las semillas. Las semillas pueden convertirse en plantas nuevas.

La planta adulta tiene flores y frutos.

**piña de pino
ponderosa**

No todas las plantas tienen flores. Los pinos dan piñas y dentro de ellas están las semillas. Las plantas crecen de distintas maneras.

▷ **¿En qué se diferencian un pino y una planta de frijol?**

# Piensa y escribe

**1.** ¿Qué necesita una semilla para crecer?

**2.** ¿Qué producen las flores?

**Más para leer**   Lee **La flor** de Gallimard Jeunesse.

**pino ponderosa**

# Las plantas que comemos

Comemos algunas plantas. Pero no podemos comer todas las plantas. Investiga sobre algunas semillas que las personas plantan como alimento. Lee *Plantemos semillas* de Amy Jo.

## ¡Inténtalo!

Trabaja con un adulto. Haz una lista de las plantas que podemos comer. Haz una lista de las plantas que no podemos comer. Escribe sobre las plantas de cada lista o haz un dibujo de ellas.

# Obsérvala crecer

A medida que una semilla de frijol se convierte en una planta, va cambiando. Se vuelve más alta y le crecen hojas.

## ¡Inténtalo!

Trabaja con un adulto. Siembra una semilla de frijol y riégala. Espera hasta que crezca. Cada semana, mide la altura de la planta. Muestra cuánto crece en una gráfica.

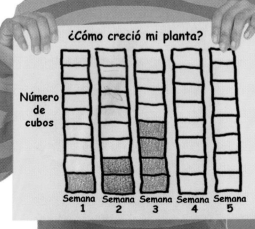

¿Cómo creció mi planta?

Número de cubos

Semana 1 · Semana 2 · Semana 3 · Semana 4 · Semana 5

**CD-ROM Noticiero científico**
Elige **La vida de un árbol** para aprender más sobre los árboles.

A 51

## Vocabulario

**frutos,** A48

**tallo,** A36

**raíces,** A32

**plántula,** A46

**semilla,** A42

**flores,** A48

**hojas,** A38

**tronco,** A37

Usa las palabras del vocabulario para nombrar cada una de las ilustraciones.

**1**

**2**

**3**

**4**

**5**

**6**

**7**

**8**

## Conceptos de ciencias

**9** Di para qué sirve cada parte de esta planta.

**10** ¿Cómo crece la planta? Di qué pasa en primero, segundo, tercero y cuarto lugar.

## Destreza de investigación: Comparar

**11** ¿En qué se parecen estas hojas?

**12** ¿En qué se diferencian?

**LEE**
**Poco a poco** de Virginia Arnold

*¿Te has preguntado?*

**DESTREZA DE INVESTIGACIÓN**

Hay plantas en todas partes. **Observa** maneras en que se usan las plantas en tu casa.

**A 53**

## Scott Hotton

# Un estudioso de las plantas

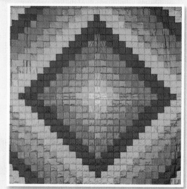

Scott Hotton estudia las plantas. Él observa los patrones de los pétalos. Además cuenta los patrones de las hojas. Los patrones son figuras o diseños. Los patrones tienen un orden especial. Puedes ver muchos patrones en la naturaleza. También puedes verlos en las cosas hechas por las personas.

Scott quiere saber por qué las plantas crecen en patrones y lee libros sobre patrones. Colaboró con algunos científicos para hacer una exposición en un museo de los patrones en la naturaleza.

**www.science.mmhschool.com**
Para obtener más información sobre el tema.

Scott Hotton

¡A pensar!

Mira las ilustraciones.
¿ Qué patrones ves?

# Haz un dibujo de seres vivos y objetos inanimados

Haz algunos dibujos.
Asegúrate de que tus dibujos muestren:

- algo inanimado que puedas ver
- algo inanimado que puedas oír
- un dibujo de ti mismo

Después escribe lo que necesitas para crecer y cambiar.

# Las partes de un árbol

Haz un dibujo de un manzano. Rotula las raíces, el tallo, las hojas y los frutos. Luego escribe lo que hay dentro del fruto.

A 56

UNIDAD

# B

# Los animales son seres vivos

# Las animales son seres vivos

## ¡Mira!

¿Qué tipo de animal
es éste? ¿En qué se
diferencia de otros
animales que hayas visto?
¡Mira bien!

# Los animales

## Vocabulario

**refugio,** B7

**mamíferos,** B12

**pulmones,** B16

**agallas,** B17

**anfibios,** B18

**reptiles,** B18

**insectos,** B19

**romper el cascarón,** B23

**renacuajos,** B24

## ¿Te has preguntado?

¿Cómo obtienen estos cachorros lo que necesitan para crecer? Su madre los alimenta. Los cachorros no pueden cazar hasta que sean mayores.

**DESTREZA DE INVESTIGACIÓN** Comunica qué más necesitan los cachorros.

**B 3**

# Los animales son seres vivos

## Para comenzar

¿Qué está haciendo esta madre ave? ¿Están vivas estas aves? ¿Cómo lo sabes?

### Destreza de investigación

**Infieres** cuando usas lo que sabes para averiguar otra cosa.

# Actividad: ¡A explorar!

## ¿Las aves son seres vivos?

### ¿Qué hacer?

**1** Haz un comedero para aves con un rollo de papel, mantequilla de cacahuate y alpiste. Lávate las manos.

**2** Cuelga el comedero para aves afuera.

**3** Observa el comedero cada día. ¿Qué es lo que ves?

**4** MÁS INVESTIGACIÓN ¿Puedes inferir que las aves son seres vivos?

### Necesitas

mantequilla de cacahuate

rollo de papel

alpiste

hilo

palito

# ¿En qué se parecen los animales?

Los animales son seres vivos. Todos necesitan comida, agua, aire y espacio. Sin estos elementos los animales no pueden vivir. Los animales provienen de otros animales como ellos mismos. Todos crecen y cambian.

**búfalo asiático**

**loros**

tortuga

La mayoría de los animales pueden ir de un lugar a otro. Pueden moverse para buscar comida, agua o un **refugio**. Un refugio es el lugar donde los animales pueden vivir y protegerse.

mapache

▷ ¿Qué necesitan los animales para vivir?

# ¿En qué se diferencian los animales?

Algunos animales son grandes. Algunos animales son pequeños. Otros animales son tan pequeños que no los puedes ver.

Los animales tienen diferentes tipos de piel. Algunos tienen pelaje. Algunos tienen plumas.

**garrapata**

**ganso**

**oso**

**polilla**

Los animales tienen diferente número de patas. Algunos tienen seis o más patas.

**serpiente**

Algunos animales tienen cuatro patas, otros tienen dos y hay otros que no tienen ninguna.

▷ **¿En qué se parecen y se diferencian las serpientes?**

**serpiente**

# Piensa y escribe

**1.** ¿En qué se parecen los animales?

**2.** ¿Cuáles son dos maneras en que se diferencian los animales?

**Actividad para el hogar**

Busca ilustraciones de animales. Di en qué se diferencian.

# Mamíferos

## Para comenzar

Los gatos y los zorros son diferentes, pero se parecen en algo. ¿En qué se parecen estos animales? Habla con un compañero sobre esto.

## Destreza de investigación

Te **comunicas** cuando compartes tus ideas.

# Actividad: ¡A explorar!

## ¿En qué se parecen estas mascotas?

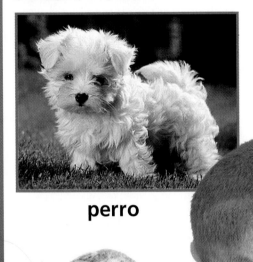

perro

gato

conejo

jerbo

conejillo de Indias

## ¿Qué hacer?

**1** Compara las mascotas.

**2** Haz una tabla. De un lado escribe en qué se parecen los animales. Escribe en el otro lado en qué se diferencian.

| Parecidos | Diferentes |
|---|---|
| todos tienen pelo | los tamaños |

**3** MÁS INVESTIGACIÓN Comunica a un compañero las maneras en qué se parecen y se diferencian los animales.

## ¿Qué son los mamíferos?

Los **mamíferos** son un grupo de animales con pelo o pelaje. Las madres alimentan a sus crías con leche. Todos los mamíferos pueden moverse. Algunos caminan, corren o vuelan. Otros brincan o nadan.

murciélago

puma

canguro

foca

Los murciélagos, los gatos y las focas son mamíferos. Las personas también son mamíferos.

▷ **¿En qué se parecen los mamíferos?**

humano

# Piensa y escribe

1. ¿Cómo alimentan los mamíferos a sus crías?

2. ¿Cómo se mueven los mamíferos?

 **Más para leer** Lee **Osos por ahí** de Joanne Ryder.

# Más grupos de animales

## Para comenzar

¿En qué se parecen estos animales? ¿Cómo los puedes agrupar?

### Destreza de investigación

**Clasificas** cuando formas grupos con cosas parecidas.

# Actividad: ¡A explorar!

## ¿Cómo puedes clasificar a los animales?

### ¿Qué hacer?

**1** Mira los animales. Agrúpalos. Dibuja círculos para clasificarlos. Rotula cada círculo.

animales de juguete

**2** Di en qué se parecen todos los animales de cada grupo.

**3** MÁS INVESTIGACIÓN

**Clasifica** los animales de una manera diferente. ¿En qué se parecen?

# ¿Qué son las aves?

Las aves son animales con plumas.
Tienen dos patas y dos alas.
La mayoría de las aves vuelan.
Respiran con las partes del
cuerpo llamadas **pulmones**.

águila

azulejo

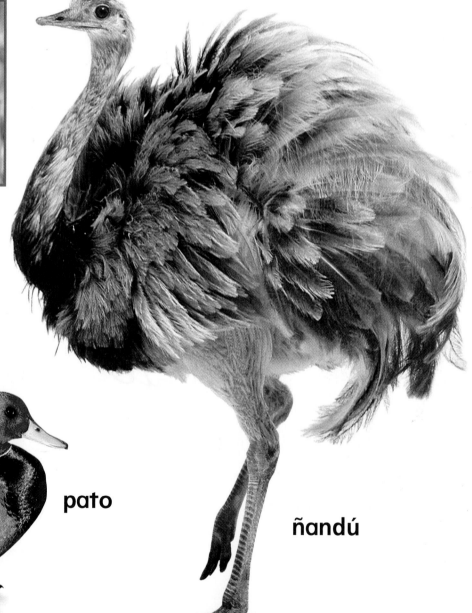

ñandú

pato

▷ ¿En qué se
diferencian
estas aves?

# ¿Qué son los peces?

Los peces viven en el agua. Tienen aletas que les permiten nadar. Tienen escamas que cubren su cuerpo y tienen **agallas** que les permiten respirar.

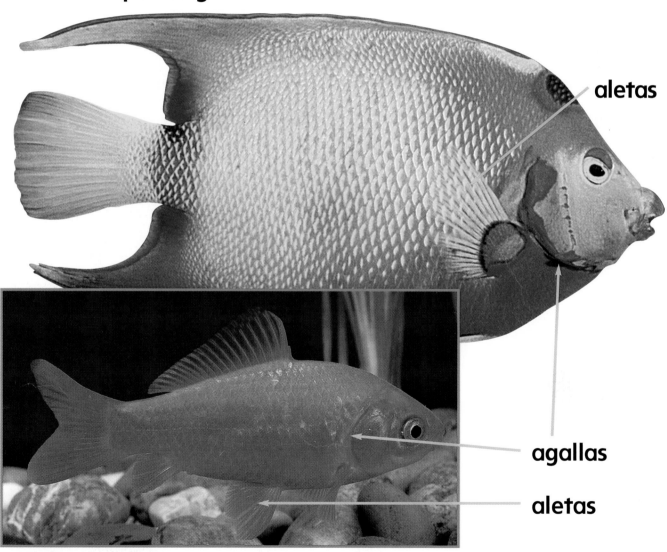

pez ángel

aletas

agallas

aletas

pez dorado

¿En qué se parecen estos peces?

## ¿Qué son los anfibios?

Los **anfibios** son animales que pueden vivir en el agua y en la tierra. La mayoría tienen la piel húmeda. Una rana es un anfibio.

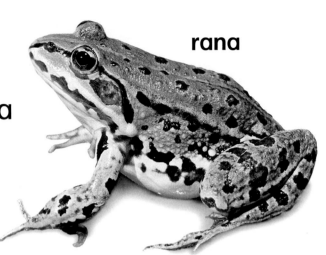

rana

## ¿Qué son los reptiles?

Los **reptiles** tienen la piel seca y cubierta con escamas. Algunos reptiles también tienen caparazones. Las tortugas y las serpientes son reptiles.

tortuga

escamas

serpiente

▷ ¿Qué tipo de piel tienen la rana, la tortuga y la víbora?

# ¿Qué son los insectos?

Los **insectos** son animales que tienen seis patas y el cuerpo dividido en tres partes. La mayoría de los insectos están cubiertos con una capa dura y tienen alas.

abeja

hormiga

3 partes del cuerpo

▶ **¿Estos tres animales son insectos? Di por qué.**

mariposa

# Piensa y escribe

1. ¿Cuáles son los cinco grupos de animales?

2. ¿Qué cubre el cuerpo de los animales de cada grupo?

CONÉCTATE **www.science.mmhschool.com**
Para obtener más información sobre el tema.

# Crecer y cambiar

## Para comenzar

Mira estas fotografías.
¿Cómo cambió esta niña?

### Destreza
### de investigación

**Comparas** las cosas cuando
dices en qué se parecen y
en qué se diferencian.

# Actividad: ¡A explorar!

## ¿Cómo crece una oruga?

### ¿Qué hacer?

**1** Coloca la oruga dentro de la caja. Lávate las manos.

**2** Usa la lupa para observar la oruga. Dibuja lo que ves.

**3** Observa la oruga durante unos cuantos días. Dibuja lo que ves.

**4** MÁS INVESTIGACIÓN Compara tus dibujos. ¿Ha cambiado la oruga? Di cómo.

# ¿Cómo crecen y cambian algunos animales?

Las crías crecen hasta parecerse a sus padres. Cuando los perros nacen, no pueden ver o caminar. Toman la leche de su madre. Crecen y cambian hasta que mueren.

## Cómo crece un perro

recién nacido          a las 4 semanas          a las 8 semanas

## Cómo crece un pato

al salir del cascarón          a la semana          a las 3 semanas

B 22

Los patos nacen de huevos al **romper el cascarón**. De inmediato, los patos pueden ver y moverse. Comen semillas. Crecen y cambian hasta que se mueren. Algunos animales viven más que otros.

▶ **¿Cómo cambiaron los animales?**

a las 12 semanas

adulto

a las 6 semanas

adulto

# ¿Cómo crece y cambia una rana?

Las ranas ponen sus huevos en el agua. Sus crías nacen de huevos. A las ranas jóvenes se les llama **renacuajos**. Los renacuajos respiran por medio de sus agallas. Tienen colas para nadar. Comen y crecen.

**Cómo crece una rana**

huevos

renacuajo

Con el tiempo, a los renacuajos les crecen patas y pulmones. Sus colas se hacen cada vez más cortas. Salen del agua a la tierra. Respiran por medio de sus pulmones. Comen y crecen hasta que mueren.

rana

▷ **¿Cómo cambió el renacuajo?**

# Piensa y escribe

**1.** ¿En qué se parecen los perros, los patos y las ranas?
**2.** ¿En qué se diferencian los perros, los patos y las ranas?

**CONÉCTATE** **www.science.mmhschool.com**
Para obtener más información sobre el tema.

# Muestra cómo creces

Como todos los animales, las personas crecen y cambian. Mientras las personas crecen, su apariencia cambia. A medida que las personas crecen, hacen diferentes cosas.

## ¡Inténtalo!

**Escritura explicativa** ¿Cómo eras de bebé? Trae fotografías de ti mismo. Escribe cómo has crecido y cambiado. Comenta las etapas en orden.

# Dibuja un refugio

Investiga qué construyen los castores. Lee *Los castores construyen diques* de Catherine M. Tamblyn.

## ¡Inténtalo!

Piensa en un refugio para ti.

- ¿Cómo se sería?
- ¿Dónde lo construirías?
- ¿Qué usarías para construirlo?

Haz un dibujo. Habla sobre cómo te protegería el refugio y qué harías en él.

## Vocabulario

**anfibio,** B18

**insecto,** B19

**pulmones,** B16

**mamífero,** B12

**agallas,** B17

**renacuajo,** B24

Usa las palabras del vocabulario para nombrar cada una de las ilustraciones.

**1**

**2**

**3**

**4**

¿Qué parte del cuerpo usa cada animal para respirar?

**5**

**6**

## Conceptos de ciencias

**7** ¿Qué están haciendo los gatitos?

**8** ¿Por qué se mueven los animales?

**9** ¿De qué maneras crecen y cambian las crías de los animales?

## Destreza de investigación: Clasificar

**10** Completa la tabla con los animales que correspondan.

| Grupo | Nombre del animal |
|---|---|
| Ave | |
| Insecto | |
| Anfibio | |
| Reptil | |
| Pez | |
| Mamífero | |

tortuga

pato

abeja

zorro

rana

pez dorado

## ¿Te has preguntado?

**DESTREZA DE INVESTIGACIÓN**

**Compara** un renacuajo con una rana. Di en qué se parecen y en qué se diferencian.

**CAPÍTULO 4**

# ¿Cómo satisfacen sus necesidades los animales?

## Vocabulario

**cadena alimentaria,** B35

**desierto,** B40

**pradera,** B41

**bosque,** B41

**océano,** B42

**laguna,** B43

## ¿Te has preguntado?

¿Cómo es que una hormiga pequeña puede cargar una hoja grande? Muchas hormigas trabajan juntas. Recortan la hoja y la llevan a casa para comerla.

**DESTREZA DE INVESTIGACIÓN** **Investiga** de qué otra manera las hormigas satisfacen sus necesidades.

**B 31**

# ¿Cómo obtienen alimento?

garza

## Para comenzar

La libélula come un insecto.
La rana se come a la libélula.
¿Quién se come a la rana?

libélula

### Destreza de investigación

Pones las cosas en **orden** cuando dices lo que pasa primero, después y por último.

rana

# Actividad: ¡A explorar!

## ¿Qué comen los animales?

### ¿Qué hacer?

**1** Dibuja la garza de la página izquierda en una tira de papel. Dibuja la libélula en la otra tira. Dibuja la rana en la última tira.

tiras de papel

**2** Pon los animales en **orden**. Comienza con el animal al que se comen primero.

tijeras

**3** Haz una cadena. Pega los animales en el orden en que se van comiendo unos a otros.

pegamento

**4** MÁS INVESTIGACIÓN Dibuja un ave, un gato y un gusano. Haz la misma actividad. Di cómo pusiste los animales en **orden**.

creyones

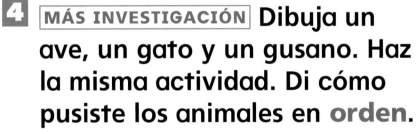

# ¿Qué comen los animales?

Todos los animales necesitan alimento para vivir, moverse y crecer. Algunos animales comen plantas. Algunos comen otros animales. Otros comen animales y plantas.

Sol

planta

musaraña

saltamontes

Una **cadena alimentaria** muestra qué comen los animales. En esta cadena alimentaria, el saltamontes come la planta. Luego, la musaraña se come al saltamontes. Por último, el coyote se come a la musaraña.

▶ ¿Qué comen estos animales?

coyote

## ¿Qué ayuda a los animales a obtener alimento?

Los animales usan las partes de su cuerpo para obtener alimento. Algunos usan sus mandíbulas. Otros usan sus filosos dientes y garras. Otros usan sus lenguas largas.

tortuga

tigre

oso hormiguero

La forma del pico de un pájaro le permite obtener alimento. Algunos picos rompen semillas. Otros atrapan peces y algunos recolectan frutos.

| picogordo | garza | tucán |

▶ ¿Qué partes del cuerpo usan estos animales para obtener alimento?

# Piensa y escribe

1. ¿Qué es una cadena alimentaria?

2. ¿Cómo pueden obtener alimento los animales?

 **www.science.mmhschool.com**
Para aprender más sobre el tema.

# ¿Dónde viven los animales?

## Para comenzar

Éste es un oso polar. Esta fotografía muestra dónde vive. ¿Cómo puedes mostrar dónde vive este oso?

### Destreza de investigación

**Haces un modelo** cuando muestras cómo es o cómo funciona algo.

# Actividad: ¡A explorar!

## ¿Dónde vive el oso polar?

### ¿Qué hacer?

**1** **Haz un modelo** para mostrar dónde vive el oso polar. Haz un dibujo de un oso polar. Pégalo en tu caja.

**2** Pega el algodón en tu caja para representar la nieve.

**3** MÁS INVESTIGACIÓN Elige otro animal. **Haz un modelo** para mostrar dónde vive.

caja de zapatos

papel

algodón

pegamento

CREYONES
BRILLIANT COLORS
FINEST QUALITY

creyones

# ¿Dónde viven los animales terrestres?

Los animales viven en cualquier lugar donde puedan encontrar alimento, agua y refugio.

Un **desierto** es un lugar donde llueve muy poco. Muchos animales del desierto obtienen agua de los alimentos que comen. Algunos animales del desierto pueden almacenar agua en sus cuerpos. Los camellos almacenan el agua en sus jorobas.

desierto

lagartija

caballos

pradera

Una **pradera** es un lugar con mucho pasto. Muchos animales se alimentan del pasto de las praderas.

Un **bosque** es un lugar lleno de árboles y plantas. Algunos animales usan los árboles como refugio.

▷ **¿Por qué pueden vivir estos animales aquí?**

bosque

búho

oso

# ¿Dónde viven los animales acuáticos?

Un **océano** es una enorme masa de agua salada. Los animales del océano obtienen su alimento allí.

ballena

océano

medusa

laguna

cangrejo
de río

Una **laguna** es pequeña y tiene agua dulce.
El agua dulce tiene muy poca sal. Muchos
animales encuentran alimento y están a
salvo en la laguna.

▷ ¿Qué obtienen estos
animales del lugar dónde
viven?

# Piensa y escribe

1. ¿Qué obtienen los animales
de los lugares donde viven?

2. Nombra dos lugares donde
vivan animales terrestres.

**Actividad para el hogar**

Habla sobre tu vecindario. ¿Qué
animales viven ahí?

**B 43**

# Mantenerse a salvo

## Para comenzar

¿Ves al cervatillo entre las hojas? ¿Por qué es difícil verlo?

**Destreza de investigación**

**Infieres** cuando usas lo que observas para averiguar otra cosa.

# Actividad: ¡A explorar!

## ¿Qué puede hacer que los animales sean difíciles de ver?

**¿Qué hacer?**

**1** Mira el periódico durante 15 segundos. ¿Qué peces ves?

**2** Cuenta cada tipo de pez. Escribe cuántos peces ves.

**3** MÁS INVESTIGACIÓN Infiere lo que hizo difícil ver algunos peces.

## ¿Qué hacen los animales para mantenerse a salvo?

El color permite que algunos animales se mantengan a salvo. El color les permite mezclarse con su ambiente. En el invierno este zorro tiene pelaje blanco. Esto hace que a los animales hambrientos les sea difícil ver al zorro en la nieve.

**color de invierno**

**camaleón**

La forma permite que algunos animales se mantengan a salvo. Este insecto parece ser parte de la planta. Los animales hambrientos no pueden encontrarlo en la planta. Las espinas de este puercoespín le permiten protegerse de otros animales.

▷ **Di cómo se mantiene a salvo cada animal.**

**caballo de palo**

**puercoespín**

# ¿De qué otras maneras se mantienen a salvo los animales?

Algunos animales corren para protegerse del peligro. Este ciervo escapa saltando. Otros animales se esconden para mantenerse a salvo. La marmota de las praderas se esconde en su cueva.

ciervo

marmota de las praderas

castor

Algunos animales se mantienen seguros en sus refugios. El castor usa sus dientes para construir su refugio donde se protege del peligro.

## Piensa y escribe

**1.** Di cómo el color y la forma ayudan a algunos animales a mantenerse a salvo.

**2.** Di cómo se mueven o esconden algunos animales para protegerse del peligro.

armadillo

armadillo protegiéndose del peligro

▷ **¿Cómo crees que se protege del peligro un armadillo?**

**Actividad para el hogar**

Representa algunas maneras en que algunos animales se mueven para protegerse del peligro.

# Pinturas rupestres

Hace mucho tiempo, la gente hizo dibujos de animales en las paredes de cuevas. Aprendemos sobre la vida en esa época por esos dibujos.

## ¡Inténtalo!

Haz una "pintura rupestre". Haz un dibujo de un animal que vive hoy en día. Dibuja lo que hace la gente con ese animal.

# Muestra y compara los datos

Juan hizo una gráfica para mostrar los animales que vio en el parque.

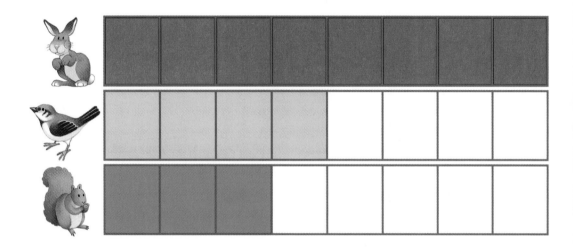

## ¡Inténtalo!

¿Juan vio más aves o conejos?

Escribe una oración de resta para mostrar tu respuesta.

 **CD-ROM Noticiero científico** Elige **Que no te coman** para aprender más sobre los animales.

## Vocabulario

**desierto,** B40

**laguna,** B43

**océano,** B42

**bosque,** B41

**cadena alimentaria,** B35

**pradera,** B41

Usa las palabras del vocabulario para nombrar cada una de las ilustraciones.

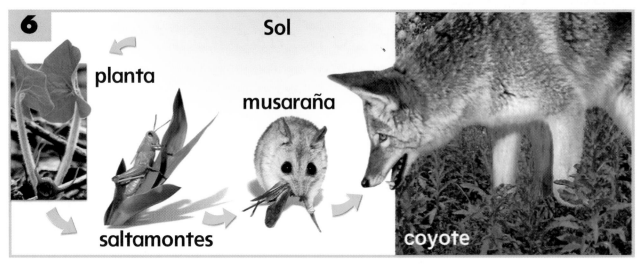

Sol

planta

musaraña

saltamontes

coyote

## Conceptos de ciencias

**7** ¿Cómo se mantiene a salvo este animal?

**8** Di quién se come a quién.

## Destreza de investigación: Comunicar

**9** ¿En que le ayuda su pico a un pájaro? Escribe o habla sobre eso.

**LEE**
**En el lago** de Gary Apple
**¡Nuestro árbol!** de K. V. Kudlinski

## ¿Te has preguntado?

**DESTREZA DE INVESTIGACIÓN** Elige dos animales que vivan en diferentes lugares. **Compara** en qué se parecen y en qué se diferencian.

## Kristina Curry Rogers

# CAZADORA DE FÓSILES

Kristina Curry Rogers busca fósiles. Un fósil es lo que queda de un ser vivo de hace mucho tiempo. Aprendemos de la vida de hace mucho tiempo observando a los fósiles. Un fósil puede ser un hueso o también la huella de una hoja en una roca. Comparamos los fósiles con las plantas y los animales de hoy.

 **www.science.mmhschool.com**
Para obtener más información sobre el tema.

Kristina encontró huesos de dinosaurio en África. Los huesos eran de un titanosaurio. Los huesos nos permiten saber cómo era el dinosaurio.

**Así es como los científicos creen que pudo haber sido el titanosaurio.**

## ¡A pensar!

¿Por qué algunas personas quieren aprender más sobre la vida en el pasado?

## Dibujos de animales

Dibuja un animal sobre el que aprendiste. Asegúrate de que tu dibujo responda a las siguientes preguntas:

- ¿Qué necesita tu animal para vivir?

- ¿A qué grupo de animales pertenece? Rotúlalo.

## ¿Qué necesitan los animales?

Haz un modelo de un lugar donde vivan animales. Asegúrate de que tu modelo muestre lo siguiente:

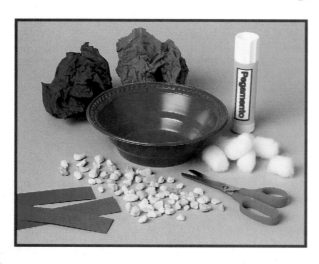

- qué tipo de animales viven ahí

- qué comen y beben los animales

- dónde pueden encontrar un refugio los animales

UNIDAD

# C El cielo y el tiempo

# El cielo y el tiempo

## ¡MiRA!

¿Qué cubre los árboles y la
tierra en esta fotografía?
¿De dónde viene la nieve?

# El cielo

# ¿Te has preguntado?

¿Dónde va el Sol cuando anochece? ¿Desaparece? No, es sólo que no puedes verlo.

**DESTREZA DE INVESTIGACIÓN**

**Observa** el cielo al atardecer. ¿Dónde parece que va el Sol?

C 3

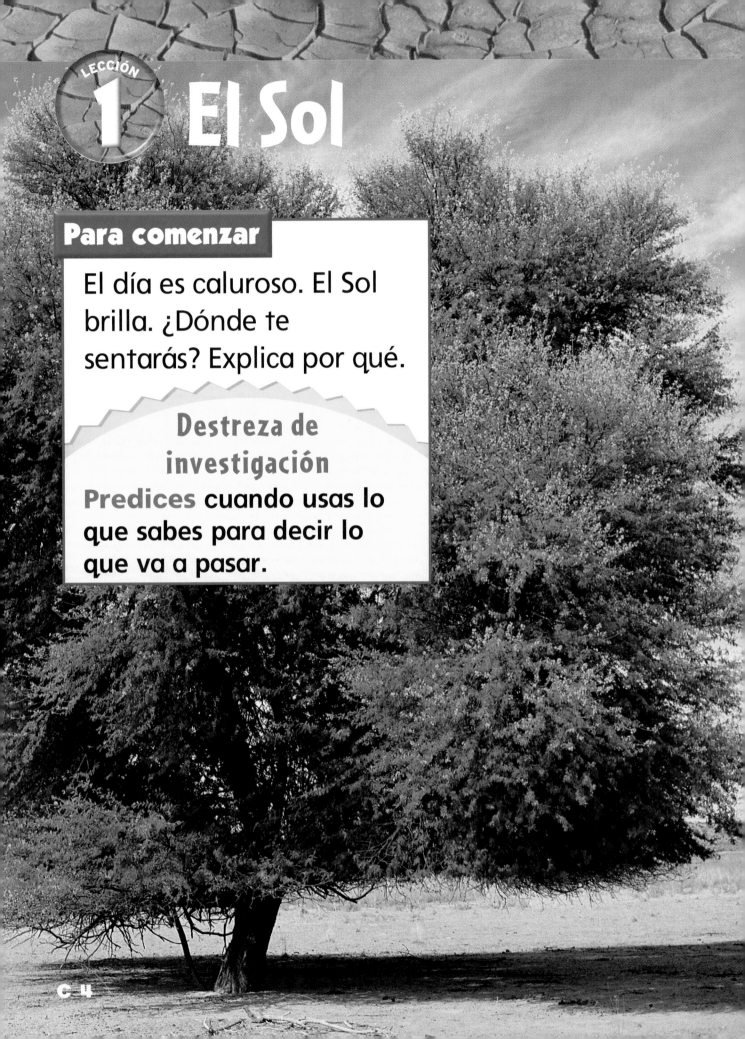

# El Sol

## Para comenzar

El día es caluroso. El Sol brilla. ¿Dónde te sentarás? Explica por qué.

### Destreza de investigación

**Predices** cuando usas lo que sabes para decir lo que va a pasar.

# Actividad: ¡A explorar!

## ¿Dónde hará más calor?

**Necesitas**

2
termómetros

### ¿Qué hacer?

**1** **Predice** si hace más calor en el sol o a la sombra.

**2** Coloca un termómetro al sol y el otro a la sombra. Espera unos cuantos minutos. ¿Cuál indica la temperatura más alta? ¿Por qué crees que es así?

**3** MÁS INVESTIGACIÓN **Predice** lo que pasaría si hicieras lo mismo en el agua. ¿Crees que en el agua puede haber temperaturas diferentes?

al sol

a la sombra

## ¿Qué hace el Sol?

El Sol es una **estrella** . Las estrellas brillan. Ellas producen su propia luz y calor. El Sol es la estrella más cercana a la Tierra. Es la única estrella que ves durante el día.

El Sol emite energía. Su luz y calor calientan el suelo, el agua y el aire de la Tierra. Algunas partes de la Tierra se calientan más rápido que otras.

Puedes medir cuánto calienta el Sol las cosas sobre la Tierra. La **temperatura** indica la cantidad de calor o frío de algo.

▷ ¿Qué hace aquí el Sol?

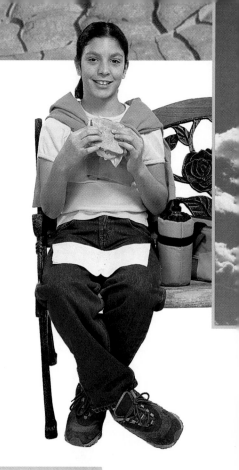

## ¿Qué has observado acerca del Sol?

Parece que el Sol se mueve cada día a través del cielo. Pero en realidad no se mueve. La Tierra da vueltas alrededor del Sol y gira sobre sí misma. La Tierra tarda un día en dar un giro completo sobre sí misma.

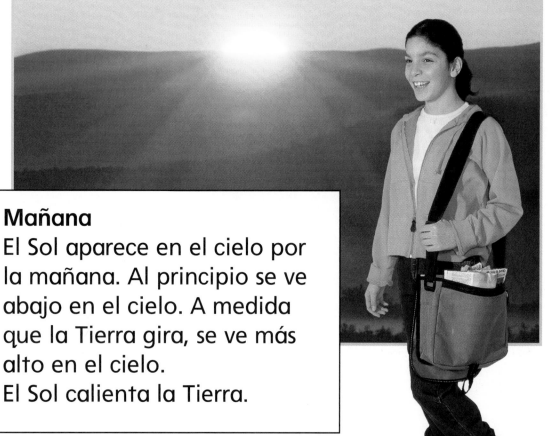

**Mañana**
El Sol aparece en el cielo por la mañana. Al principio se ve abajo en el cielo. A medida que la Tierra gira, se ve más alto en el cielo.
El Sol calienta la Tierra.

## Mediodía

Al mediodía, el Sol se ve más alto en el cielo. La mayoría de los días, el mediodía es más cálido que la mañana. Al atardecer, el Sol se ve abajo en el cielo.

**▷** **Explica cómo se mueve el Sol a través del cielo cada día.**

## Tarde

A medida que la Tierra gira, el Sol parece caer. El aire se vuelve más fresco y comienza la noche. El Sol saldrá otra vez a la mañana siguiente.

## Piensa y escribe

1. ¿Qué recibe la Tierra del Sol?

2. ¿Por qué tenemos día y noche?

**Actividad para el hogar**

Dibuja lo que te gusta hacer a diferentes horas del día.

# La Luna y las estrellas

## Para comenzar

El Sol se ha puesto. Es de noche. ¿Qué ves en el cielo a la noche?

## Destreza de investigación

**Infieres** cuando usas lo que sabes para averiguar otra cosa.

# Actividad: ¡A explorar!

## ¿Qué puedes ver en el cielo a la noche?

**Necesitas**

caja de zapatos

pelota

linterna

### ¿Qué hacer?

**1** Oscurece la habitación. Coloca la pelota en la caja. Cierra la caja y tapa el agujero lateral. Mira por el agujero del extremo. ¿Qué ves?

**2** Alumbra con la linterna por el agujero lateral. ¿Qué observas?

**3** MÁS INVESTIGACIÓN **Infiere** qué objeto es como una estrella. ¿Qué objeto es como la Luna?

## ¿Qué has observado acerca de la Luna?

Podemos ver la Luna en la noche. A veces la vemos en el cielo de día. La Luna no produce su propia luz. El Sol la ilumina.

La Luna se mueve alrededor de la Tierra. A medida que se mueve, su forma parece cambiar. Vemos estos mismos cambios cada 28 días.

▶ ¿Cómo cambia la forma de la Luna en estas ilustraciones?

# ¿Qué has observado acerca de las estrellas?

Puedes ver estrellas brillar en la noche. Las estrellas producen su propia luz y calor. Pero no puedes sentir su calor porque las estrellas están demasiado lejos.

Osa Mayor

Osa Menor

Los grupos de estrellas forman figuras en el cielo. Cada figura se conoce como **constelación** . Las constelaciones pueden parecer personas, animales o cosas.

Orión

▷ ¿A qué se parece la constelación de la Osa Mayor?

## Piensa y escribe

**1.** ¿Por qué podemos ver la Luna de noche?

**2.** ¿Qué es una constelación?

 **Más para leer** Lee **Doña Luna** de Marianne Mitchell.

# LECCIÓN 3

# Los planetas

## Para comenzar

Ésta es la Tierra. La Tierra tarda un año en dar la vuelta alrededor del Sol. ¿Cómo puedes mostrar la forma en que se mueve la Tierra?

### Destreza de investigación

Puedes **hacer un modelo** para mostrar cómo se mueve algo.

# Actividad: ¡A explorar!

## ¿Cómo se mueve la Tierra alrededor del Sol?

### ¿Qué hacer?

**1** Haz rótulos para la "Tierra" y el "Sol". Tú serás la Tierra. Un compañero o una compañera será el "Sol".

**2** **Haz un modelo** para mostrar cómo se mueve la Tierra alrededor del Sol. Haz que el "Sol" permanezca quieto. Camina alrededor del "Sol" unas cuantas veces. Intercambia los rótulos. Repite la actividad.

**3** MÁS INVESTIGACIÓN

Busca otra manera de **hacer un modelo** que muestre el movimiento de la Tierra alrededor del Sol. Coméntalo.

## Necesitas

Tierra

Rótulo con la palabra Tierra

Sol

Rótulo con la palabra sol

hilo

# ¿Qué son los planetas?

La Tierra es un **planeta**. Se mueve alrededor del Sol. Gira mientras se mueve. Da una vuelta completa sobre sí misma cada 24 horas. Esto es un día y una noche.

**Júpiter**

**Mercurio**

**Tierra**  **Marte**

**Venus**

**Tierra**

También hay otros planetas. Los planetas pueden ser grandes o pequeños. Algunos están cerca y otros lejos del Sol.

Grandes o pequeños, cercanos o lejanos, todos los planetas se mueven alrededor del Sol.

▷ **¿En qué se parecen los planetas?**

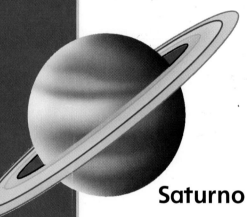

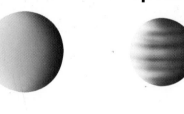

**Urano**

**Neptuno**

**Plutón**

**Saturno**

# Piensa y escribe

1. ¿La Tierra se queda en un solo lugar? Explícalo.

2. ¿En qué se parecen todos los planetas? ¿En qué se diferencian?

---

 **www.science.mmhschool.com**
Para obtener más información sobre el tema.

# Cuentos de la Luna

Hace mucho tiempo, gente de todas partes inventó cuentos. Algunos eran sobre la Luna. Algunos cuentos hablaban sobre seres que vivían ahí. Otros eran acerca de las diversas formas de la Luna.

## ¡Inténtalo!

Inventa tu propio cuento sobre la Luna. Haz dibujos para ilustrarlo.

# Dibuja una estrella

Puedes ver muchas estrellas en el cielo nocturno. ¡Puedes ver una que nadie más haya visto antes!

## ¡Inténtalo!

Dibuja una estrella pequeña en un pedazo de papel aluminio. Pincha agujeritos en el contorno de la estrella. Coloca el papel aluminio en el extremo de un rollo de toalla de papel. Mira dentro de él. ¿Qué ves?

**CD-ROM Noticiero científico**
Elige **Constelaciones** para aprender más sobre las estrellas.

## Vocabulario

**temperatura,** C7

**constelación,** C15

**planeta,** C18

**estrella,** C6

Usa las palabras del vocabulario para nombrar cada una de las ilustraciones.

**1**

**2**

30°C

**3**

**4**

## Conceptos de ciencias

**5** ¿Qué recibe la Tierra del Sol?

**6** ¿Qué ilumina a la Luna?

**7** ¿Qué es la temperatura?

## Destreza de investigación: Observar

¿Qué fotografía muestra la mañana? ¿Cuál muestra el mediodía? Di por qué crees que es así.

**LEE**
**Bajo las estrellas** de Linda Ross

### ¿Te has preguntado?

**DESTREZA DE INVESTIGACIÓN**

**Comunica** a un compañero por qué a veces puedes ver la Luna durante el día.

# El tiempo y las estaciones

## ¿Te has preguntado?

¿Por qué cuando está por llover las nubes son tan oscuras? Son oscuras porque contienen mucha agua.

**DESTREZA DE INVESTIGACIÓN** **Predice** lo que crees que pasará con el agua.

# 4 El tiempo

## Para comenzar

¿Cómo crees que está el tiempo aquí? Explícalo.

### Destreza de investigación

**Observas** cuando usas tus sentidos para averiguar algo sobre las cosas.

# Actividad: ¡A explorar!

## ¿Qué puedes observar acerca del tiempo?

### ¿Qué hacer?

**1** Construye el instrumento para medir el tiempo señalado abajo.

**2** Lleva afuera el instrumento para medir el tiempo que construiste y el termómetro. **Observa** cada uno durante unos minutos.

**3** Pruébalos en otros lugares afuera.

**4** MÁS INVESTIGACIÓN ¿Qué **observaste** acerca del tiempo en lugares diferentes?

### Necesitas

palito

serpentina

cinta adhesiva de papel

termómetro

## ¿Qué es el tiempo?

Hablar del **tiempo** es hablar de cómo está el aire afuera. El aire puede estar caliente o frío. Puede moverse o no moverse en absoluto. El aire en movimiento se llama **viento**.

viento y lluvia

soleado

El cielo puede estar soleado y despejado. Puede estar nublado. Incluso puede llover o nevar.

neblina

nieve

▶ ¿Cuáles son algunas palabras que dicen algo sobre el tiempo?

# ¿Por qué llueve o nieva?

La lluvia o la nieve caen de las **nubes** . Las nubes son conjutos de gotitas de agua suspendidas en el cielo.

**1** El agua pasa al aire. Tú no puedes verla.

**2** Las gotitas de agua y pedacitos de hielo se forman en el aire. El hielo y las gotas de agua forman las nubes.

**3** Las gotas de agua y los pedacitos de hielo de las nubes se hacen más grandes. Cuando son lo suficientemente grandes, caen como lluvia o nieve.

▷ ¿Qué ocurre cuando las gotas de agua en las nubes son muy grandes?

# Piensa y escribe

**1.** ¿Qué es el tiempo?

**2.** ¿Cómo se forman la lluvia y la nieve?

**Actividad para el hogar**

Haz un dibujo de un día lluvioso.

# 5 Cambios del tiempo

## Para comenzar

Antes, estaba soleado. Pero el tiempo cambió. ¿Cómo está el tiempo ahora?

## Destreza de investigación

Te **comunicas** cuando haces una tabla para explicar lo que ocurre.

# Actividad: ¡A explorar!

## ¿Cómo cambia el tiempo en una semana?

### ¿Qué hacer?

**1** Usa tus instrumentos para medir el tiempo. Observa el tiempo durante una semana.

**2** Registra datos en la tabla cada día.

**3** MÁS INVESTIGACIÓN Comunica de qué modo cambió el tiempo. Usa tu tabla para hablar del tiempo.

**Necesitas**

tabla del estado del tiempo

termómetro

instrumento para medir el tiempo

| | Lunes | Martes | Miércoles | Jueves | Viernes |
|---|---|---|---|---|---|
| ☀ | ✓ | | | | |
| | ✓ | | | | |
| ☁ | | | | | |
| 🌧 | | | | | |
| ❄ | | | | | |
| 🌡 frío | | | | | |

## ¿Cuándo cambia el tiempo?

El tiempo cambia cuando el aire cambia. Puede estar lluvioso y nublado. Deja de llover y las nubes se van. Pronto, está soleado.

un día soleado después de la tormenta

El sol, la lluvia y el viento forman parte de la vida de los seres vivos. Pero a veces el estado del tiempo es peligroso. Puede dañar a los seres vivos, y también a la tierra.

tornado

sequía

huracán

¿Qué ocurre cuando el aire cambia?

# ¿Cómo miden las personas el tiempo?

Las personas usan estos instrumentos para medir el tiempo.

Un anemómetro señala la velocidad del viento.

Un catavientos muestra la dirección del viento.

Un termómetro indica la temperatura del aire.

▷ **¿Qué miden estos instrumentos?**

Este hombre usa instrumentos para medir el tiempo.

Un pluviómetro indica cuánta lluvia ha caído.

## Piensa y escribe

1. ¿Cuándo cambia el tiempo?

2. ¿Cuáles son algunas de las cosas que miden estos instrumentos?

**Más para leer** Lee **El señor Viento Norte** de Carmen de Posadas Mañé.

C 37

# Primavera y verano

## Para comenzar

¿Qué están haciendo estos niños? ¿Qué tiempo hace aquí?

### Destreza de investigación

Te **comunicas** cuando hablas, dibujas o escribes para compartir tus ideas.

# Actividad: ¡A explorar!

## ¿El tiempo es igual todo el año?

Necesitas

papel para dibujar

creyones

### ¿Qué hacer?

1. Dibuja la ropa que usarías cuando el tiempo es caluroso.

2. Dibuja la ropa que usarías cuando el tiempo es frío.

3. ¿Usas la misma ropa en todas las estaciones del año? **Comunica** por qué.

4. MÁS INVESTIGACIÓN
   **Comunica** qué ropa usas cuando llueve.

## ¿Qué ocurre en primavera?

Una **estación** es una temporada del año. La **primavera** es una estación. En la primavera, el tiempo es cálido. Puede llover mucho. Los días se vuelven más largos y las noches se vuelven más cortas.

En primavera, los pájaros construyen sus nidos y ponen huevos. Otros animales también tienen sus crías .

A las plantas les crecen hojas nuevas y flores. La lluvia y el calor permiten que las semillas crezcan.

▶ **¿Qué hacen los seres vivos en primavera?**

## ¿Qué ocurre en verano?

El **verano** es la estación que sigue a la primavera. Es más caluroso que la primavera. Puede hacer mucho calor. Los días son más largos que las noches.

Los días largos ayudan a crecer a las plantas. Muchas plantas dan flores, semillas y frutos.

Las crías de los animales crecen más y son más parecidas a sus padres. Muchas personas pasan más tiempo afuera de sus casas en verano.

 **¿Qué hacen los seres vivos en verano?**

## Piensa y escribe

1. ¿Cómo son la primavera y el verano?

2. ¿Qué hacen algunos seres vivos en primavera?

_____

**CONÉCTATE** **www.science.mmhschool.com**
Para aprender más sobre el tema.

# Otoño e invierno

## Para comenzar

¿A qué estación del año corresponde la fotografía? ¿Cómo lo sabes?

### Destreza de investigación

**Observas** cuando usas tus sentidos para averiguar algo sobre las cosas.

# Actividad: ¡A explorar!

## ¿Cómo nos mantienen calientes los abrigos?

### ¿Qué hacer?

**1** Llena los dos frascos con agua caliente. Anota la temperatura del agua en cada frasco en ese momento.

**2** Anota las temperaturas de los dos frascos después de 5, 10, 15 y 20 minutos.

**3** MÁS INVESTIGACIÓN Observa en qué frasco el agua permaneció caliente durante más tiempo. ¿Por qué la tela envuelta alrededor del frasco es como un abrigo en un día frío?

## ¿Qué ocurre en otoño?

El **otoño** es la estación que sigue al verano. Es más fresco que el verano. Los días se vuelven más cortos y las noches más largas.

Muchas plantas dejan de crecer en el otoño. En algunos lugares, las hojas cambian de color y caen al suelo. Los frutos maduran y las personas los recogen.

Algunos animales se van a lugares más cálidos en el otoño. Otros almacenan comida para comer durante el invierno.

▷ ¿Qué hacen los seres vivos en otoño?

# ¿Qué ocurre en invierno?

El **invierno** es la estación que sigue al otoño. Es la estación más fría. Algunos lugares pueden ser más fríos que otros. En el invierno las personas usan ropa abrigada.

Hay menos luz del sol en el invierno que en el verano. Algunas plantas mueren. A muchos árboles se les caen las hojas. Las plantas llamadas siempre verde siguen verdes.

**árbol siempre verde**

Cuando hace frío afuera, no hay mucha comida para los animales. Algunos comen la comida que encuentran. Otros comen la que almacenaron, y algunos otros se van a dormir hasta la primavera.

▶ **¿Qué hacen los seres vivos en invierno?**

# Piensa y escribe

1. ¿Cómo es el otoño?
2. ¿Cómo es el invierno?

 **www.science.mmhschool.com**
Para aprender más sobre el tema.

# Estaciones de mucha actividad

Investiga lo que hace la gente en otoño. Lee *¡El otoño es divertido!* de Joe Smith.

## ¡Inténtalo!

**Escribir un cuento.** Escribe un cuento sobre el invierno. Titúlalo *¡El invierno es divertido!* Describe lo que la gente hace en invierno.

# Usa los datos para hacer predicciones

Teresa pregunta a sus amigos cuál es su actividad favorita en invierno.

Hizo una gráfica de dibujos para mostrar sus datos. A sus amigos les gusta más patinar.

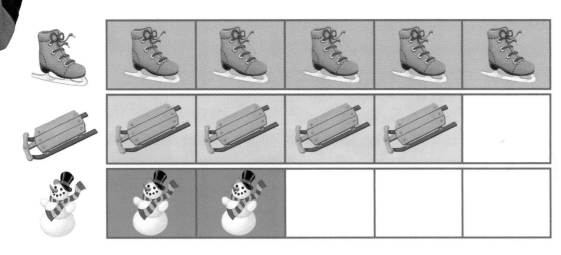

## ¡Inténtalo!

Pregunta a los estudiantes de tu clase cuál es su actividad favorita en invierno. Haz una gráfica de dibujos para mostrar los datos.

C 51

## Vocabulario

**tiempo,** C28

**viento,** C28

**estación,** C40

**primavera,** C40

**verano,** C42

**otoño,** C46

**invierno,** C48

**nubes,** C30

Usa las palabras del vocabulario para nombrar cada una de las ilustraciones.

Completa las oraciones.

**6** Una temporada del año es una ____.

**7** El aire en movimiento se llama ____.

**8** Al estado del aire en el exterior se le llama ____.

## Conceptos de ciencias

Di qué mide cada instrumento.

**9**

**10**

## Destreza de investigación: Comunicar

**11** ¿Por qué llueve o nieva? Usa esta ilustración para explicar lo que ocurre.

**LEE**
**Un paseo mojado** de Cass Hollander

*¿Te has preguntado?*

DESTREZA DE INVESTIGACIÓN **Predice** durante qué estación llueve más. Haz un plan para averiguarlo.

# Bonnie Buratti
# BUSCADORA DE ESTRELLAS

Bonnie Buratti es astrónoma. Los astrónomos son las personas que estudian la Luna, las estrellas y el Sol. Bonnie usa un telescopio para observar la Luna. La Luna y las estrellas parecen moverse muy lentamente de un lado al otro del cielo. La forma de la Luna se ve un poco diferente cada día.

Bonnie estudia fotografías de la Luna. Las fotografías fueron tomadas con una cámara en el espacio y le ayudan a aprender más sobre la Luna.

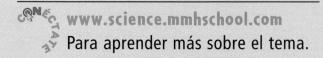

**CONÉCTATE** www.science.mmhschool.com
Para aprender más sobre el tema.

## ¡A pensar!

¿Por qué es importante que los científicos estudien la Luna y las estrellas?

## ¿Qué ocurre en el cielo?

Habla sobre el cielo. Dibuja el Sol, la Luna y las estrellas. Luego escribe una respuesta para cada una de las siguientes preguntas.

- ¿Qué ilumina a la Luna?

- ¿Qué es una constelación?

## El invierno y el verano son diferentes

Compara el invierno y el verano del lugar donde vives. Haz un dibujo de lo que haces y usas en cada estación. Luego escribe una oración sobre:

- el tiempo en el verano

- el tiempo en el invierno

UNIDAD

D

# Cuidemos la Tierra

# Cuidemos la Tierra

**¡Mira!**

La gente plantó estos
árboles. ¿Por qué la
gente planta árboles?
¿Qué se obtiene de los
árboles?

# Recursos de la Tierra

## ¿Te has preguntado?

¿De dónde viene el agua? El agua cae a la Tierra en forma de nieve o lluvia. Fluye en arroyos y ríos. Se acumula en lagunas, lagos y océanos.

**DESTREZA DE INVESTIGACIÓN** ¿Puedes inferir por qué el agua es importante?

D 3

# Rocas y minerales

## Para comenzar

¿Alguna vez has recolectado rocas? ¿Cómo puedes clasificarlas en grupos?

### Destreza de investigación

**Clasificas** cuando formas grupos con cosas parecidas.

# Actividad: ¡A explorar!

## ¿Cómo puedes clasificar las rocas?

### ¿Qué hacer?

**1** Observa las rocas con la lupa y tócalas.

**2** Dibuja dos círculos para **clasificar** las rocas.

**3** Elige dos maneras de clasificar las rocas. Coloca en cada círculo las rocas de cada clase.

**4** MÁS INVESTIGACIÓN
**Clasifica** las rocas de otra manera.

rocas

lupa

papel

## ¿Qué son las rocas y los minerales?

Las **rocas** son objetos inanimados. La mayor parte de la Tierra está formada de roca.

**mineral**

Las rocas están formadas de **minerales**. Los minerales les dan su color a las rocas. Algunas rocas están hechas de muchos minerales. Otras, de uno solo.

Las rocas pueden ser grandes o pequeñas. Pueden ser lisas o ásperas. También pueden tener colores diferentes.

▷ **¿En qué se parecen y en qué se diferencian estas rocas?**

granito

mármol

arenisca

caliza

obsidiana

# ¿Por qué son importantes las rocas y los minerales?

Las rocas, los minerales y el suelo de la Tierra son recursos naturales. Un **recurso natural** es algo de la naturaleza que la gente usa. Usamos las rocas para construir cosas. Los caminos y los edificios se pueden construir con rocas.

Usamos los minerales para hacer vidrio y joyas. Usamos los minerales de la arena para hacer vidrio. Usamos el mineral oro para hacer anillos. También comemos algunos minerales. La sal es un mineral que comemos.

▷ **¿Cómo se usan las rocas y los minerales?**

## Piensa y escribe

1. ¿Qué es un recurso natural?
2. ¿Cómo aprovechan las personas las rocas y los minerales?

**Actividad para el hogar**

¿Qué rocas y minerales usamos en el hogar?

# El suelo

## Para comenzar

La máquina cava en el suelo. Levanta la tierra. ¿Se ve igual toda la tierra?

## Destreza de investigación

**Comparas** cuando aprendes en qué se parecen o diferencian las cosas.

# Actividad: ¡A explorar!

## ¿Cómo se comparan algunos suelos?

### ¿Qué hacer?

**1** Usa la lupa para observar cada tipo de suelo. ¿Cómo se ve y huele cada tipo de suelo?

**2** Aprieta en tu mano cada tipo de suelo. ¿Qué pasa? Lávate las manos.

**3** MÁS INVESTIGACIÓN Compara los tipos de suelo. ¿En qué se diferencian?

3 platos con suelos diferentes

lupa

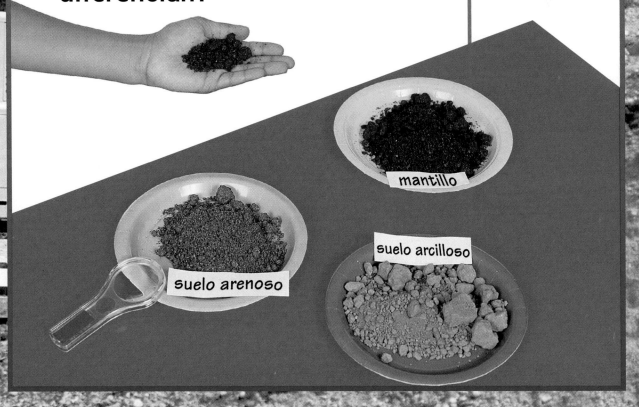

mantillo

suelo arenoso

suelo arcilloso

# ¿Qué es el suelo?

El **suelo** está formado por trocitos de roca. Puede tener restos de animales y plantas. También puede haber en él aire y agua.

El suelo es la capa superficial de la Tierra. Los suelos pueden ser muy diferentes.

El mantillo o capa superficial del suelo es color café oscuro o negro. Contiene algo de agua. Sus trozos se quedan pegados entre sí cuando los aprietas en tu mano. Las plantas crecen mejor en el mantillo.

El suelo arcilloso puede ser color café, rojo o amarillo. Contiene mucha agua. Sus trozos se quedan pegados entre sí cuando los aprietas.

El suelo arenoso puede ser color café claro. No contiene mucha agua. Sus trozos no se quedan pegados entre sí cuando los aprietas con la palma de la mano.

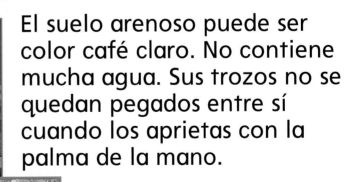

▶ **Di algo sobre cada uno de estos suelos.**

# ¿Por qué es importante el suelo?

El suelo es un recurso natural. Se usa para hacer ladrillos y ollas de arcilla.

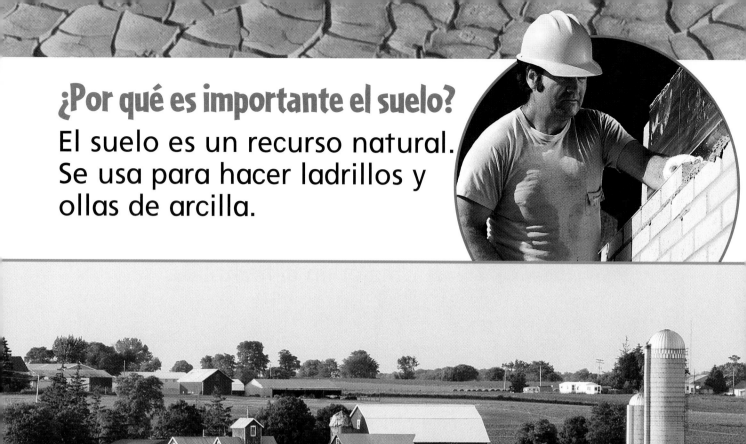

Se siembran plantas en el suelo fértil. Las personas y los animales se alimentan de esas plantas. El suelo también es el hogar de muchos animales.

▷ **¿Para qué se usa el suelo en estas fotografías?**

topo

# Piensa y escribe

1. ¿De qué está formado el suelo?

2. ¿Por qué es importante el suelo?

CONÉCTATE **www.science.mmhschool.com**
Para aprender más sobre el tema.

# El agua

## Para comenzar

Llueve en las montañas. El agua forma los arroyos. ¿Dónde va el agua?

### Destreza de investigación

Te **comunicas** cuando explicas tus ideas hablando, escribiendo o dibujando.

# Actividad: ¡A explorar!

## ¿Qué ocurre cuando llueve en un cerro?

### ¿Qué hacer?

arena

**1** Usa la arena para formar un pequeño cerro. Lávate las manos.

agua

**2** Haz un dibujo de tu cerro.

**3** Vierte un poco de agua en el cerro. Observa lo que ocurre.

bandeja

**4** MÁS INVESTIGACIÓN
**Comunica** lo que ocurrió.

# ¿Dónde se encuentra el agua de la Tierra?

La mayor parte de la Tierra tiene agua. La lluvia cae de las nubes. El agua fluye hacia arroyos, ríos y lagos. Hay agua dulce en las nubes, los arroyos, los ríos y los lagos. El agua dulce es el tipo de agua que bebes.

río

La mayor parte del agua de la Tierra está en los océanos. El agua del océano es agua salada. Las personas no pueden beber agua salada, pero muchas plantas y animales viven en agua salada.

La mayor parte de la Tierra está cubierta de agua.

▷ **¿Dónde se encuentra el agua dulce de la Tierra?**

lago

océano

# ¿Por qué es importante el agua?

El agua es un recurso natural. Todos los seres vivos necesitan agua.

Las personas usan el agua para beber, cocinar y limpiar. También para viajar y divertirse.

Las personas usan el agua en movimiento para producir energía eléctrica. La energía eléctrica ilumina y calienta sus hogares.

▷ **¿Para qué se usa el agua?**

## Piensa y escribe

1. ¿Dónde se encuentra la mayor parte del agua de la Tierra?

2. ¿Cómo usan las personas el agua?

**Actividad para el hogar**

¿Cómo usas el agua para divertirte? Haz un dibujo.

# El aire

## Para comenzar

¿Qué hace que el globo se mueva en el cielo?

### Destreza de investigación

**Infieres** cuando usas lo que sabes para averiguar otra cosa.

# Actividad: ¡A explorar!

## ¿Qué hace que se mueva un globo?

### ¿Qué hacer?

**1** Pega en el piso 2 tiras de cinta adhesiva de papel, separadas entre sí por unas 12 pulgadas. En una, marca la palabra Comienzo y, en la otra, Final.

**2** Sopla por el popote para mover el globo. No toques el globo. ¿Hasta dónde llegó el globo? Repite esto hasta que llegues a la línea final.

**3** | MÁS INVESTIGACIÓN | **Infiere** lo que hace mover al globo. ¿Usando dos popotes llegaría más lejos el globo?

## ¿Por qué es importante el aire?

El aire es un recurso natural. El aire nos rodea. Las personas respiran aire. El aire tiene **oxígeno** y las personas necesitan oxígeno para vivir.

El aire en movimiento puede producir energía para los hogares. Incluso puede producir música.

▷ **¿Cómo se usa el aire en esta fotografía?**

# Piensa y escribe

**1.** ¿De qué maneras usan el aire las personas?

**2.** ¿Qué hay en el aire que necesitan las personas?

CONÉCTATE **www.science.mmhschool.com**
Para aprender más sobre el tema.

# Los seres vivos son recursos

## Para comenzar

¿Comes estos alimentos? ¿Cuál viene de las plantas? ¿Cuál viene de los animales?

### Destreza de investigación

**Clasificas** cuando agrupas las cosas según de dónde vienen.

# Actividad: ¡A explorar!

## ¿Qué viene de las plantas y de los animales?

### ¿Qué hacer?

**1** Escribe la palabra "planta" en algunas tarjetas y "animal" en otras.

**2** Coloca las tarjetas en las cosas de tu salón para señalar si vienen de las plantas o de los animales.

**3** MÁS INVESTIGACIÓN Clasifica las cosas de tu casa. ¿Qué cosas vienen de las plantas? ¿Qué cosas vienen de los animales?

### Necesitas

tarjetas autoadhesivas

creyones

# ¿Por qué son importantes las plantas?

Las plantas son un recurso natural. Las personas y los animales comen plantas.

Las plantas producen oxígeno. Las personas y los animales necesitan oxígeno para vivir.

pan de trigo

bloques de madera

Las personas usan las plantas para hacer muchas cosas. Las personas usan la madera de los árboles para hacer casas y juguetes. Las personas usan algodón para hacer ropa y toallas.

▷ **¿Cómo se usan las plantas en estas fotografías?**

toallas de algodón

miel de arce

# ¿Por qué son importantes los animales?

Los animales son un recurso natural. Muchas personas comen carne y huevos y beben leche de los animales. Muchas personas usan la lana de las ovejas. Las cosas hechas de lana mantienen calientes a las personas.

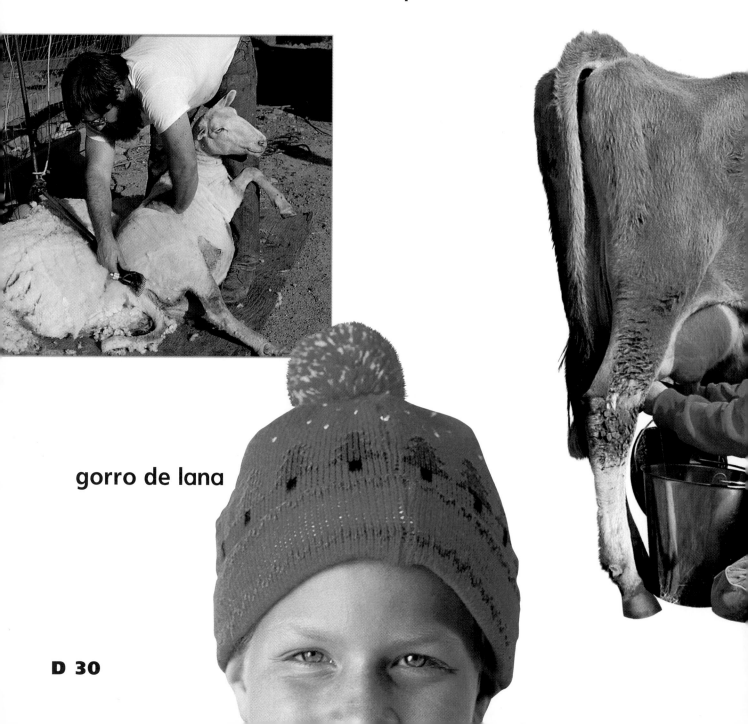

gorro de lana

Muchas personas tienen animales como mascotas. Algunos animales ayudan a las personas a ir de un lugar a otro.

▷ ¿Cómo se usan los animales en estas fotografías?

leche

# Piensa y escribe

1. ¿Cuáles son dos maneras de usar las plantas?

2. ¿Cuáles son dos maneras de usar los animales?

Más para leer

Lee **El gran capoquero** de Lynne Cherry.

# Obtener el agua

Tú obtienes agua con sólo abrir la llave o el grifo, pero hace mucho tiempo las personas no tenían agua en sus casas.

## ¡Inténtalo!

Habla con un adulto. ¿Cómo sería la vida sin agua en tu casa? ¿Dónde obtendrías el agua para beber? ¿Cómo lavarías las cosas?

# Un poema sobre la Tierra

Lee este poema con un adulto.
Habla sobre el aire y el suelo de la Tierra.

*Estoy feliz de que el cielo esté
pintado de azul,
y la tierra esté pintada de verde,
con mucho aire fresco
entre los dos.*

—Anónimo

## ¡Inténtalo!

**Escribir un poema** Escribe un poema sobre
el aire, el suelo o el agua de la Tierra.
Describe cómo son, huelen, se sienten al
tocarlos, saben o suenan. Haz dibujos para
acompañar tu poema.

# Repaso del Capítulo 7

## Vocabulario

**rocas,** D6

**minerales,** D6

**suelo,** D12

**recurso natural,** D8

**oxígeno,** D24

Usa las palabras del vocabulario para nombrar cada una de las ilustraciones.

**1**

**2**

**3**

**4**

**5**

## Conceptos de ciencias

**6** Di en qué se parecen y en qué se diferencian estos suelos.

suelo arcilloso

mantillo

suelo arenoso

**7** ¿Dónde puedes hallar el agua de la Tierra?

**8** ¿Cuáles son algunas maneras en que las personas usan el aire?

## Destreza de investigación: Clasificar

Di si cada cosa viene de plantas, animales o rocas.

**9**

**10**

**11**

¿Te has
**preguntado?**

DESTREZA DE INVESTIGACIÓN

Has aprendido por qué es importante el agua. **Investiga** por qué otros recursos naturales son importantes.

# Hay que cuidar la
# Tierra

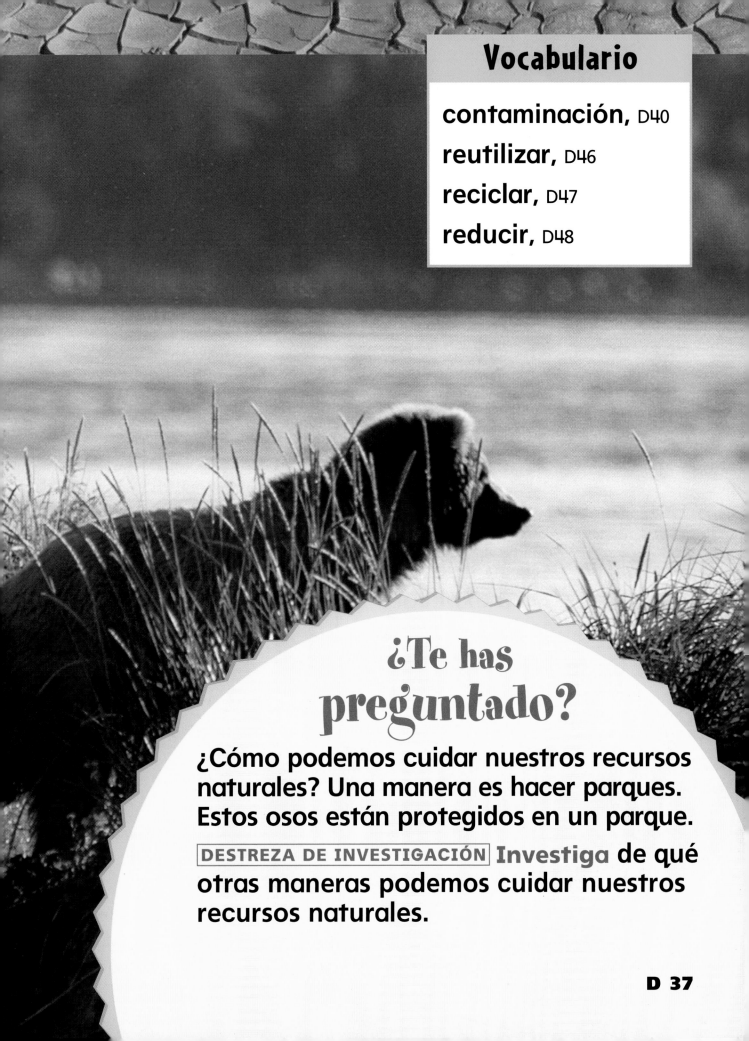

# ¿Te has preguntado?

¿Cómo podemos cuidar nuestros recursos naturales? Una manera es hacer parques. Estos osos están protegidos en un parque.

**DESTREZA DE INVESTIGACIÓN** Investiga de qué otras maneras podemos cuidar nuestros recursos naturales.

# Contaminación

## Para comenzar

¿Ves el humo?
¿Dónde va?

### Destreza de investigación

**Sacas conclusiones** cuando usas lo que observas para explicar lo que sucede.

# Actividad: ¡A explorar!

## ¿Qué hay en el aire?

### ¿Qué hacer?

**1** Pon un poco de vaselina en el papel. Lávate las manos. Obsérvalo con la lupa.

**2** Cuelga afuera el papel por unas horas. Observa otra vez el papel con la lupa.

**3** MÁS INVESTIGACIÓN Saca conclusiones sobre lo que hay en el papel. ¿Cómo crees que llegó ahí?

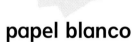

papel blanco

vaselina

lupa

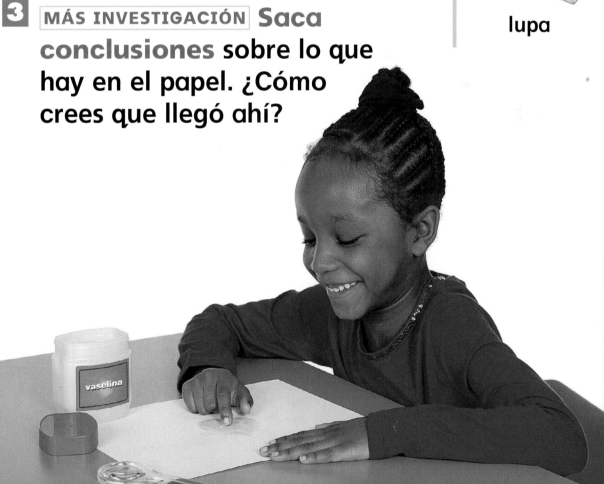

## ¿Qué es la contaminación?

A la suciedad que daña la tierra, el aire o el agua se le llama **contaminación**. La contaminación puede hacer daño a los seres vivos y a los objetos inanimados.

▷ ¿Cómo se les llama a las sustancias dañinas en el aire?

# ¿Qué contamina el aire?

El humo de las fábricas contamina el aire. También el humo de los autos, los aviones y los incendios forestales.

La contaminación del aire puede hacer que las personas se enfermen, porque no pueden respirar de la forma en que deberían.

▶ **¿Qué contamina el aire en esta fotografía?**

# ¿Qué contamina el agua?

Los desperdicios contaminan el agua. Los desperdicios son cosas que desechan las fábricas. Beber agua sucia es peligroso.

Algunas veces las personas tiran basura en el agua. Cuando los animales comen esta basura pueden enfermarse y morir.

▶ ¿Qué le ocurrió a los peces?

# ¿Qué contamina la tierra?

La basura y los desperdicios de las fábricas contaminan la tierra. La contaminación de la tierra puede hacer daño a los animales, las plantas y el suelo. Las plantas y las cosechas no pueden crecer bien en un suelo contaminado.

▷ ¿Qué contamina la tierra en esta fotofrafía?

# Piensa y escribe

1. ¿Cuáles son los tres tipos de contaminación?
2. ¿Cómo puede dañar la contaminación a los seres vivos?

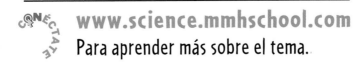

CONÉCTATE **www.science.mmhschool.com**
Para aprender más sobre el tema.

# Cuidemos los recursos de la Tierra

## Para comenzar

Mira con atención. ¿De qué está hecha esta casa? ¿De qué otra manera pueden las personas reutilizar cosas para hacer algo nuevo?

### Destreza de investigación

**Investigas** cuando estudias algo de forma planeada.

# Actividad: ¡A explorar!

## ¿Cómo puedes hacer algo nuevo con algo viejo?

un objeto limpio y viejo

**¿Qué hacer?**

**1** **Investiga** cómo hacer algo nuevo con un objeto viejo. Piensa en lo que quieres hacer. Haz tu proyecto.

**2** Di algo sobre la cosa nueva que hiciste.

**3** MÁS INVESTIGACIÓN **Investiga** otra manera de hacer algo nuevo con una cosa vieja. ¿Cómo lo hiciste?

materiales de arte

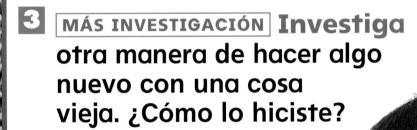

# ¿Por qué las personas deben reutilizar las cosas?

Cuando las personas **reutilizan** las cosas, las vuelven a usar de una manera nueva. No tiran esas cosas. No tienen que comprar cosas nuevas.

▷ ¿Cómo reutilizaron las personas estas cosas?

latas

## ¿Por qué las personas deben reciclar?

**Reciclar** es convertir cosas usadas en cosas nuevas. El papel viejo se usa para hacer papel nuevo. Esto significa que no hay que cortar tantos árboles para hacer papel nuevo.

▷ ¿Qué reciclan estos niños?

## ¿Por qué las personas deben reducir el uso de las cosas?

Cuando las personas **reducen** lo que usan, gastan menos cosas. Entonces queda más para después. Tú puedes reducir la cantidad de papel que usas cuando escribes en los dos lados. Esto ahorra papel.

▶ ¿Quién usa menos papel aquí? Explícalo.

## ¿Qué más pueden hacer las personas?

Las personas cuidan el aire cuando usan menos sus carros. Cuidan el agua cuando la mantienen limpia. Cuidan la tierra cuando recogen la basura. Si las personas no hacen estas cosas, algún día podría no haber aire, agua o tierra limpios.

▶ **¿Cómo cuidan los recursos estas personas?**

# Piensa y escribe

1. ¿Por qué es importante reciclar en casa?

2. ¿Cómo puedes limpiar alrededor de tu escuela o tu casa?

 **Más para leer** Lee **Desechos de plástico** de Veronica Bonar.

# Un paseo por el parque

Piensa en algunas cosas que puedes ver y hacer en un parque. Lee *Vamos de paseo* de Kana Riley.

## ¡Inténtalo!

¿Cómo pueden las personas proteger a los seres vivos de un parque? ¿Cómo pueden las personas mantener limpios la tierra, el aire y el agua de un parque? Haz un libro con ilustraciones que muestren cómo hacerlo. Titúlalo *Cuidemos nuestros parques.*

# Hacer una encuesta

Pablo les pidió a 25 personas que recogieran latas, papeles o botellas. Luego hizo una gráfica para mostrar cuántas personas recogieron cada cosa.

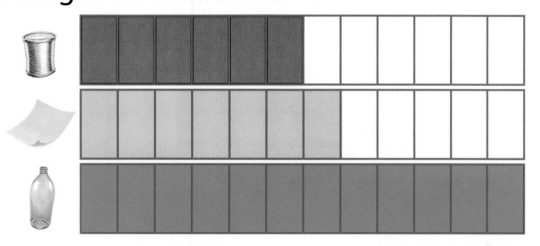

# ¡Inténtalo!

¿El número de personas que recogieron latas y papeles es mayor o menor que el número de personas que recogieron botellas? Usa la suma para averiguarlo. Di cómo lo sabes.

**CD-ROM Noticiero científico**
Elige **Rompecabezas** para aprender más sobre el tema.

## Vocabulario

**contaminación,** D40

**reducen,** D48

**reutilizan,** D46

**reciclar,** D47

Usa las palabras del vocabulario para nombrar cada una de las ilustraciones.

**1**

**2**

**3**

**4**

## Conceptos de ciencias

**5** ¿Qué ocurre si las personas no cuidan el aire?

**6** Nombra algunas cosas que contaminan.

**7** Di una manera en que las personas pueden reutilizar las cosas.

## Destreza de investigación: Observar

**8** ¿Qué recurso natural se contamina en esta fotografía? ¿Cómo lo sabes?

**LEE**
**Cuidemos la Tierra** de Susan L. Rogers
**Billy Pez** de Edward S. Popper

*¿Te has preguntado?*

DESTREZA DE INVESTIGACIÓN Haz un plan para reducir el uso de un objeto en tu casa. **Comunica** tu plan.

## El regreso del
# Bisonte americano

Hubo una vez muchos bisontes americanos, pero la gente los cazaba para comer y por sus pieles. Muchas personas los cazaban sólo como un deporte. Alrededor de 1900, quedaban muy pocos bisontes.

**Pilas de pieles de bisonte**

**Bisonte sacrificado por su piel**

William Hornaday quiso proteger al bisonte. En 1905, ayudó a crear la Sociedad Estadounidense del Búfalo. (Búfalo es otro nombre del bisonte.) Trabajó para recuperar al bisonte. Hoy en día, el bisonte vive de nuevo en estado salvaje. La gente sigue luchando para proteger al bisonte.

**¿Por qué estuvo a punto de extinguirse el bisonte americano?**

**Un rancho de búfalos de la actualidad**

FRED MATTHEWS BUFFALO CORRALS
CUSTER STATE PARK

CONÉCTATE
**www.science.mmhschool.com**
Para aprender más sobre el tema.

## Haz un póster

Piensa en cinco recursos naturales. ¿Cómo los usan las personas? Usa palabras y dibujos para mostrarlos.

## Haz un móvil

Dibuja las cosas de la lista. Luego usa los dibujos para hacer un móvil.

- contaminación del aire
- contaminación de la tierra
- contaminación del agua
- algo que puede reutilizarse
- algo que puede reciclarse

# UNIDAD E

# Materia en todas partes

# Materia en todas partes

## ¡Mira!

¿Dónde están estos
niños? Mira bien. Di algo
sobre las diferentes cosas
que ves.

# Describir y medir
# la materia

## Vocabulario

**materia,** E6

**propiedades,** E8

**masa,** E9

**sólido,** E12

**regla,** E14

**balanza,** E14

**líquido,** E18

**taza graduada,** E20

**gas,** E24

# ¿Te has preguntado?

¿Qué hay dentro de estos globos? ¡Gas! El gas les da a los globos su forma.

**DESTREZA DE INVESTIGACIÓN** Predice qué pasaría si dejaras salir el gas del globo. ¿Tendría la misma forma?

# 1 Propiedades de la materia

## Para comenzar

El niño nada en una piscina. Respira aire tibio en verano. ¿Qué más observas?

### Destreza de investigación

**Observas** cuando usas tus sentidos para averiguar algo sobre las cosas que nos rodean.

# Actividad: ¡A explorar!

## ¿Qué observas acerca de algunas cosas?

### ¿Qué hacer?

**1** Toca el bloque. ¿Qué **observas**? Di algo sobre su forma.

**2** Toca el agua. ¿Qué **observas**? Di algo sobre su forma.

**3** Toca el globo. ¿Qué **observas**? Di algo sobre su forma.

**4** MÁS INVESTIGACIÓN Toca otro objeto del salón de clases. ¿Qué **observas**? ¿Es como el globo, el agua o el bloque?

**Necesitas**

globo

vaso con agua

cuchara

bloque

## ¿Qué es la materia?

La **materia** es de lo que están hechos todos los objetos. El agua está hecha de materia. ¡Tú también estás hecho de materia! La materia está hecha de partes diminutas que son demasiado pequeñas para que se puedan ver.

La materia está en todas partes. Puede tener formas diferentes o no tener forma propia. A veces, la materia es grande. Otras veces, la materia es pequeña. Puedes usar una lupa para ver la materia cuando es pequeña.

▶ ¿Qué es materia en esta ilustración?

# ¿Cuáles son algunas propiedades de la materia?

La materia tiene diferentes **propiedades**. Lo que tocamos, vemos, olemos o probamos son propiedades. El color, el tamaño y la forma son algunas propiedades. La materia ocupa espacio. Hay materia que ocupa mucho espacio. Hay otra que sólo ocupa poco espacio.

El perro grande ocupa más espacio que el pequeño.

La **masa** es otra propiedad de la materia. La masa es la cantidad de materia que hay en una cosa. Las cosas pesadas tienen más masa que las cosas livianas.

La pequeña pelota de metal tiene más masa que la pelota de básquetbol.

> ▷ **Di algo sobre las propiedades de los objetos que ves aquí.**

## Piensa y escribe

**1.** ¿Qué es la materia?

**2.** ¿Las cosas grandes siempre tienen más masa que las cosas pequeñas? Explícalo.

El globo tiene menos masa que la calabaza.

**Actividad para el hogar**

Con un familiar, sal en busca de materia. Di algo sobre la materia que encontraste.

**E 9**

## Para comenzar

Mira todas estas cosas. ¿En qué se parecen? ¿En qué se diferencian?

### Destreza de investigación

**Comparas** cuando dices en qué se parecen y en qué se diferencian las cosas.

# Actividad: ¡A explorar!

## ¿Cómo se compara la materia?

### ¿Qué hacer?

**1** Haz una lista de los objetos en una tabla.

**2** **Compara** los objetos. ¿Cómo se ven y se sienten al tocarlos? ¿Cuál puede rodar? ¿Cuál puede apilarse?

**3** Anota tus respuestas en la tabla.

**4** MÁS INVESTIGACIÓN Usa la balanza para **comparar** las masas de los objetos. ¿Qué cosas tienen más masa? ¿Qué cosas tienen menos masa? Comenta tus respuestas con un compañero o compañera.

### Necesitas

libro

lápiz

goma de borrar

balanza

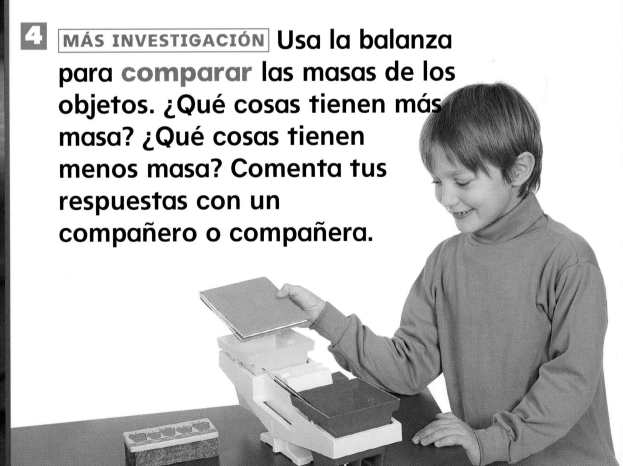

E I

## ¿Qué son los sólidos?

Un **sólido** es un tipo de materia. Un sólido tiene masa y ocupa un espacio. Cada sólido tiene forma propia. Eso significa que un sólido mantiene su forma aunque lo muevas.

Los sólidos tienen otras propiedades.
Los sólidos pueden ser lisos o rugosos.
Pueden ser suaves o duros. También
pueden ser de colores diferentes.

▷ **Habla sobre las propiedades
de estos sólidos.**

## ¿Cómo puedes medir los sólidos?

Puedes usar una **regla** para medir un sólido. Una regla mide el largo, el ancho o la altura de las cosas.

Puedes usar una **balanza** para medir la masa de un sólido. La bandeja con mayor masa es la que baja.

▷ ¿Qué puedes averiguar sobre el carro de juguete usando una balanza?

# Piensa y escribe

1. ¿En qué se parecen los sólidos? ¿En qué se diferencian?

2. ¿Qué puedes usar para medir sólidos?

**Actividad para el hogar** Usa una regla. Mide sólidos largos. Mide sólidos cortos.

# LECCIÓN 3 Líquidos

## Para comenzar

¿Qué sucedió con la leche?

### Destreza de investigación

**Sacas conclusiones** cuando usas lo que observas para explicar lo que sucedió.

# Actividad: ¡A explorar!

## ¿Puede cambiar de forma el agua?

### ¿Qué hacer?

**1** Llena un vaso con agua.

**2** Vierte el vaso con agua en el primer recipiente. Usa una regla para medir hasta dónde llega el agua.

**3** ¿A qué altura llegará el agua en el segundo recipiente? Viértela en él y mide.

**4** MÁS INVESTIGACIÓN Saca **conclusiones** para decir por qué cambió el nivel del agua.

Recipientes de diferentes formas

agua

regla

**E 17**

## ¿Qué son los líquidos?

Un **líquido** es un tipo
de materia. Un líquido
tiene masa y ocupa un espacio. Fluye cuando
lo viertes. No tiene forma propia. Un líquido
toma la forma del recipiente donde lo viertes.

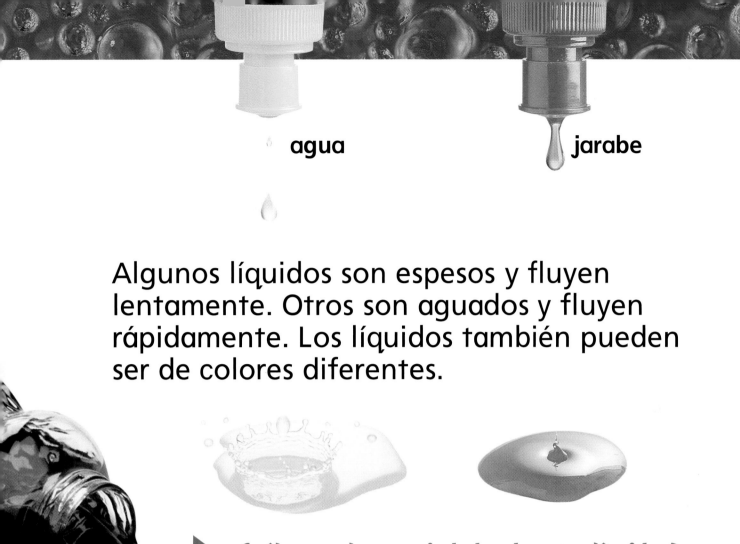

agua

jarabe

Algunos líquidos son espesos y fluyen lentamente. Otros son aguados y fluyen rápidamente. Los líquidos también pueden ser de colores diferentes.

¿Cuáles son las propiedades de estos líquidos?

# ¿Cómo puedes medir los líquidos?

Puedes usar una **taza graduada** para medir un líquido. Una taza graduada mide cuánto espacio ocupa un líquido. Las cucharas graduadas y los goteros también miden líquidos.

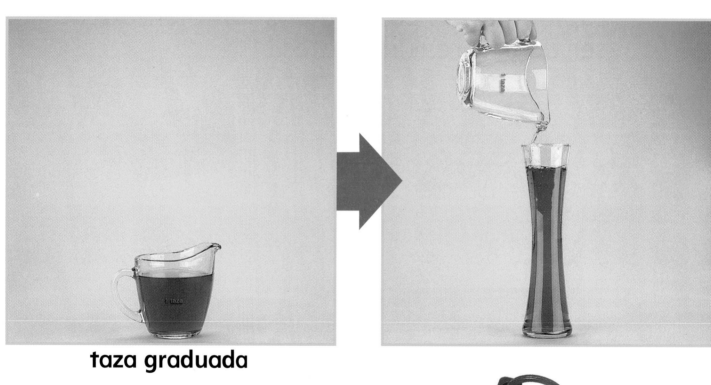

taza graduada

cucharas graduadas

gotero

Estas imágenes muestran una taza de un líquido en diferentes recipientes. La forma del líquido se ve diferente en cada uno, pero hay una taza de líquido en cada uno de ellos.

▷ ¿Qué puedes averiguar sobre un líquido cuando lo pones en una taza graduada?

## Piensa y escribe

1. ¿En qué se parecen los líquidos? ¿En qué se diferencian?

2. ¿Qué puedes usar para medir líquidos?

 **www.science.mmhschool.com**
Para aprender más sobre el tema.

# 4 Gases

## Para comenzar

La niña hace burbujas. ¿Qué hay dentro de cada una?

**Destreza de investigación**

**Infieres** cuando usas lo que sabes para averiguar algo.

# Actividad: ¡A explorar!

## ¿Qué mantiene seco al pañuelo?

### ¿Qué hacer?

**1** Rellena el fondo del vaso con el pañuelo.

**2** Da vuelta el vaso y mételo en el fondo de la bandeja con agua.

**3** Saca el vaso. Toca el pañuelo. Repite todo para ver si sucede lo mismo.

**4** MÁS INVESTIGACIÓN Infiere por qué el pañuelo permanece seco.

### Necesitas

pañuelo de papel

vaso de plástico

bandeja con agua

## ¿Qué son los gases?

Un **gas** es un tipo de materia. Un gas tiene masa y ocupa un espacio. Como un líquido, el gas toma la forma del recipiente donde está. Pero el gas se expande para llenar todo el espacio del recipiente.

No puedes ver el aire, pero puedes sentirlo. El aire puede ser caliente o frío. Puede moverse. ¡Puede llenar este sillón!

▷ **¿Dónde están aquí los gases?**

# Piensa y escribe

1. ¿En qué se parecen los gases?

2. ¿Cómo sabemos que el aire es real?

**Más para leer** Lee **Aire** de María Gordon.

# Figuras sólidas

Todo sólido tiene forma. La forma permite saber lo que es. Elige algunos bloques para construir una casa. ¿Qué figuras podrías elegir?

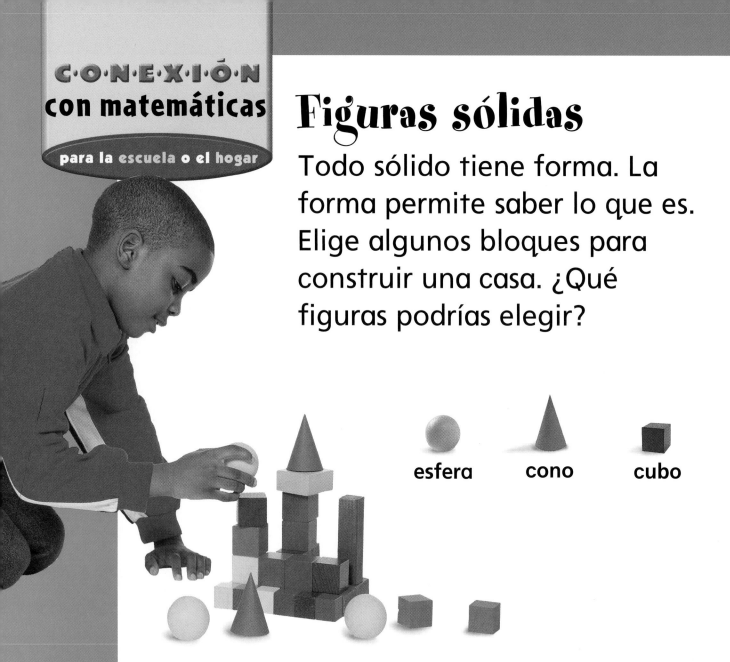

esfera    cono    cubo

## ¡Inténtalo!

Usa arcilla para hacer las figuras de arriba. Luego usa las figuras para construir tu propia casa. Haz una gráfica de dibujos para mostrar cuántas figuras de cada tipo usaste. ¿Qué figura usaste más veces?

# La bolsa misteriosa

¿Cómo puedes saber qué es algo sin verlo? Averigua cómo. Lee *¿Qué hay en la bolsa?* de Pat McGuinne.

¿Qué hay en la bolsa?

Pat McGuinne
ilustraciones de Selina Alko

## ¡Inténtalo!

**Escribir una reseña** Di lo que aprendiste de la lectura de *¿Qué hay en la bolsa?* ¿Por qué fue divertido leer el libro?

**CD-ROM Noticiero científico**
Elige **Malabarismos** para aprender más sobre la masa.

## Vocabulario

**regla,** E14

**gas,** E24

**materia,** E6

**líquido,** E18

**sólido,** E12

**masa,** E9

**balanza,** E14

**taza graduada,** E20

**propiedad,** E8

Usa las palabras del vocabulario para nombrar cada una de las ilustraciones I-9. Di qué tipo de materia muestra cada ilustración.

**1**

**2**

**3**
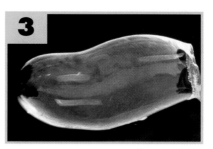

Di qué instrumento de medición muestra cada ilustración.

**4**

**5**

**6**

Usa esta ilustración para completar cada oración.

**7** Las pelotas están hechas de ___.

**8** La pelota grande tiene menos ___ que la pelota pequeña.

**9** La forma es una ___ de las pelotas.

## Conceptos de ciencias

**10** Di lo que sabes sobre la forma de los líquidos.

**11** Di lo que sabes sobre la forma de los gases.

## Destreza de investigación: Comparar

**12** ¿En qué se parecen estos tipos de materia? ¿En qué se diferencian?

**LEE**

**¡A navegar!** de Maria Hernandez

## ¿Te has preguntado?

**DESTREZA DE INVESTIGACIÓN**

**Investiga** lo que sucede con la forma de un globo cuando éste se calienta o se enfría. Haz un plan y llévalo a cabo.

# Cambios en la materia

## Vocabulario

**mezcla,** E36
**flotar,** E41
**hundirse,** E41
**derretirse,** E46
**congelarse,** E48

## ¿Te has preguntado?

¿Qué hace que se derritan los carámbanos? El calor del Sol los derrite. Los carámbanos se convierten en agua y caen gota a gota a la tierra.

**DESTREZA DE INVESTIGACIÓN** Comunica qué otras cosas se derriten.

# Los sólidos en mezclas

Este niño junta las partes. ¿Qué forma?

**Destreza de investigación**

**Sacas conclusiones** cuando usas lo que observas para explicar lo que sucede.

# Actividad: ¡A explorar!

## ¿Puedes juntar algunos sólidos y separarlos?

### ¿Qué hacer?

**Necesitas**

papel

tijeras

**1** Recorta un papel en cuatro pedazos.

> **¡TEN CUIDADO!** Las tijeras son filosas.

**2** Busca un compañero o compañera que tenga pedazos de papel de colores diferentes. Mezcla los pedazos.

**3** Saca tus pedazos de la mezcla.

**4** **MÁS INVESTIGACIÓN** Saca **conclusiones** sobre los papeles que se mezclan.

## ¿Cómo puedes cambiar la forma y el tamaño de los sólidos?

Puedes cambiar la forma y el tamaño de algunos sólidos. Los puedes doblar o plegar. También puedes cortar algunos sólidos en pedazos más pequeños.

Cuando cambias la forma de un sólido, se ve diferente, pero sigue siendo la misma cosa. Cuando cortas una manzana, tienes pedazos más pequeños, pero sigue siendo una manzana.

▷ ¿Cómo cambió cada sólido? ¿Cómo siguió siendo igual cada sólido?

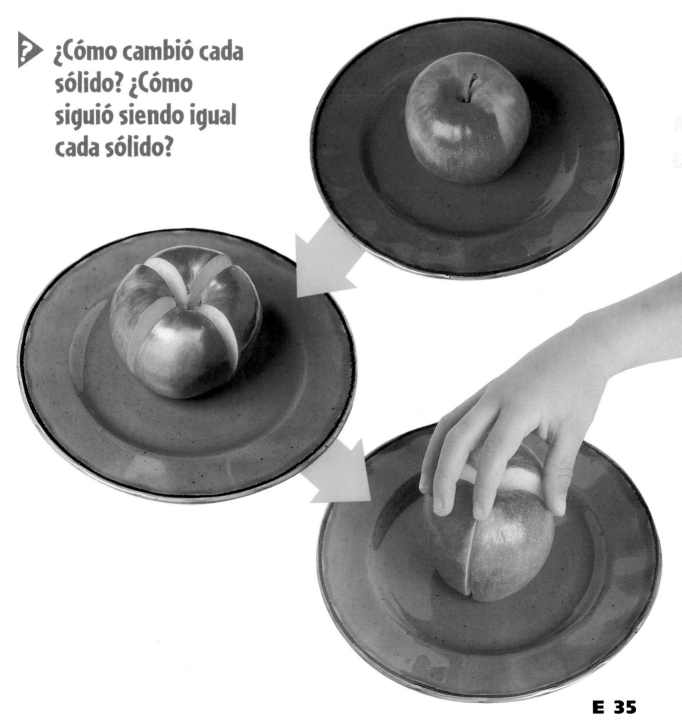

# ¿Qué es una mezcla?

Una **mezcla** es el resultado de juntar dos o más cosas diferentes. Algunas mezclas se hacen con sólidos.

Cuando mezclas las cosas, no cambian. Puedes mezclar cuentas en un frasco. Luego puedes sacar cada cuenta y ver que éstas no han cambiado.

▶ **¿De qué están hechas estas mezclas?**

# Piensa y escribe

1. ¿Cómo puedes cambiar la forma y el tamaño de los sólidos?

2. ¿Qué es una mezcla?

---

 **www.science.mmhschool.com**
Para aprender más sobre el tema.

# Los sólidos y líquidos en el agua

## Para comenzar

La hoja está en la superficie del agua. Las monedas están en el fondo. ¿Qué sucederá con otros sólidos en el agua?

### Destreza de investigación

**Predices** cuando usas lo que sabes para decir lo que va a pasar.

# Actividad: ¡A explorar!

## ¿Qué pasa cuando colocas algunos sólidos en agua?

**Necesitas**

moneda de un centavo

corcho

sal

cuchara

bandeja con agua

### ¿Qué hacer?

**1** **Predice** lo que va a pasar con una moneda de un centavo, un corcho y un poco de sal cuando los metas al agua.

**2** Mete al agua la moneda de un centavo y luego el corcho. ¿Qué sucede?

**3** Echa un poco de sal en el agua y revuélvela. ¿Qué sucede?

**4** MÁS INVESTIGACIÓN Ahora inténtalo con otra cosa. **Predice** lo que va a pasar.

## ¿Qué les ocurre a algunos sólidos en el agua?

Puedes combinar algunos sólidos y líquidos. Eso forma una mezcla. En el agua algunos sólidos se disuelven en pedazos más pequeños. Este polvo para hacer bebidas se disuelve en agua, pero sigue estando ahí. Eso hace una mezcla.

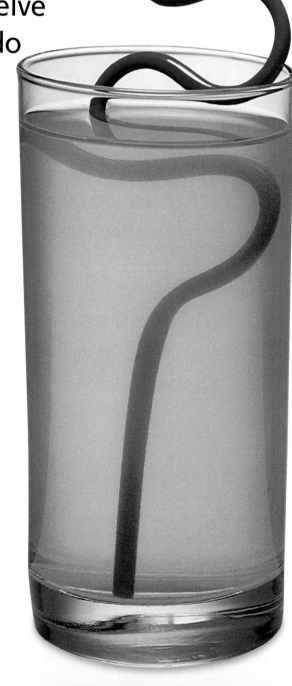

Muchos sólidos no se disuelven en agua.
Algunos sólidos **flotan**. Se quedan en
la superficie del agua. Otros sólidos
pueden **hundirse**. Caen al fondo del
agua.

▷ ¿Qué les pasa a
estos sólidos
en el agua?

# ¿Qué les pasa a estos líquidos en el agua?

Cuando pones un líquido en agua, haces una mezcla. Algunos líquidos, como el vinagre, se mezclan con el agua. El vinagre se esparce en toda el agua.

vinagre y agua

aceite y agua

Otros líquidos no se mezclan con el agua. El aceite es un líquido. Flota en la superficie del agua. Pero aun así forman una mezcla.

▶ **Observa el líquido azul en el agua. Di lo que sucede con él.**

# Piensa y escribe

1. ¿Qué sucede con algunos sólidos en el agua?

2. ¿Qué sucede con algunos líquidos en el agua?

**Más para leer** Lee **Barcos, barcos, barcos** de Joanna Ruane.

**LECCIÓN 7**

# ¿Cómo cambia la materia?

## Para comenzar

¿Qué sucede con el helado de la niña? ¿Por qué?

### Destreza de investigación

**Sacas conclusiones** cuando usas lo que observas para explicar lo que sucede.

# Actividad: ¡A explorar!

## ¿Qué sucede con el hielo en un lugar caluroso?

dos platos de papel

dos cubos de hielo

### ¿Qué hacer?

**1** Coloca un cubo de hielo en cada plato de papel.

**2** Coloca un plato en un lugar caluroso. Coloca el otro plato en un lugar fresco. Predice lo que sucederá en cada uno.

**3** Espera aproximadamente 15 minutos. Compara los hielos de cada plato.

**4** MÁS INVESTIGACIÓN
Saca **conclusiones** sobre lo que sucedió.

lugar fresco      lugar caluroso

## ¿Cómo se convierte un sólido en líquido?

Si un sólido recibe suficiente calor, se **derrite**. Derretirse significa que un sólido se convierte en líquido.

Los sólidos se derriten con poco o mucho calor. El hielo es un sólido. Cuando el hielo se derrite, se convierte en agua líquida. Cuando el azúcar se derrite también se convierte en un líquido.

▶ ¿Cómo se convierten los sólidos en líquidos en cada fotografía?

## ¿Cómo se convierte un líquido en sólido?

Un líquido puede perder calor y enfriarse. Cuando un líquido pierde suficiente calor, **se congela**. Congelarse significa convertirse de líquido a sólido. El agua es un líquido. Cuando el agua se congela, se convierte en hielo sólido.

▶ ¿Qué sucede cuando un líquido pierde calor?

# ¿Cómo se convierte un líquido en gas?

Cuando un líquido recibe suficiente calor, hierve. Hervir significa convertir un líquido en gas. Cuando el agua hierve, se convierte en gas.

▷ ¿Qué sucede cuando un líquido hierve?

# Piensa y escribe

1. ¿Cuándo se convierten los sólidos en líquidos?

2. ¿Cuándo se convierten los líquidos en sólidos?

**Actividad para el hogar**

Busca alimentos que se derriten.
Busca alimentos que se congelan.

# Mirar a través de la materia

Piensa en la materia. ¿Puedes ver a través de cualquier materia?

## ¡Inténtalo!

Consigue un tubo de cartón, un elástico, papel de plástico transparente, papel de aluminio y papel encerado. ¿A través de cuál de éstos crees que podrías ver? ¡Coloca cada uno en un extremo del tubo y averígualo!

# Figuras de origami

En Japón, la gente dobla el papel para hacer figuras. Este arte se conoce como origami.

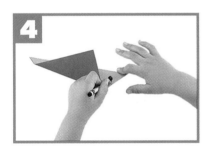

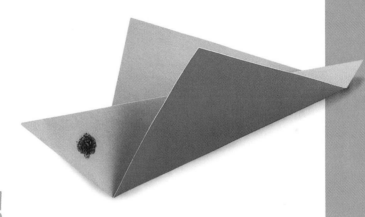

## ¡Inténtalo!

Haz un saltamontes.

1. Dobla un pedazo cuadrado de papel para formar un triángulo.

2. Haz un doblez en ángulo, como se muestra.

3. Haz el mismo doblez del otro lado.

4. Píntale ojos a tu saltamontes.

## Vocabulario

**flotan,** E41

**derretirse,** E46

**congela,** E48

**hunden,** E41

**mezcla,** E36

Usa las palabras del vocabulario para nombrar cada una de las ilustraciones.

## Conceptos de ciencias

**6** ¿Qué les sucede a algunos sólidos en el agua?

**7** ¿Qué les sucede a algunos líquidos en el agua?

**8** ¿Cómo sigue siendo igual un sólido cuando lo cortas? ¿Cómo cambia?

**9** Predice lo que sucederá con la manzana y las uvas si las mezclas.

**10** Predice lo que sucede con los carámbanos al rayo del Sol.

**LEE**
**¡Adiós, muñeco de nieve!**
de Darwin McBeth Walton

¿Te has preguntado?

**DESTREZA DE INVESTIGACIÓN**

**Observa** lo que sucede cuando el agua se congela y después se derrite. ¿La cantidad de agua es la misma o cambia?

**E 53**

# ¡una idea fresca!

En 1905, el joven Frank Epperson preparó unos refrescos. Los mezcló con un palito. Dejó el refresco en un vaso afuera de su casa. También dejó el palito en el vaso. Esa noche, hizo mucho frío.

Al día siguiente, Frank jaló el palito y el refresco salió junto con él. El refresco estaba congelado. Frank probó el refresco congelado. Era muy rico. Frank había hecho la primera paleta helada. Después, Frank comenzó un negocio haciendo paletas heladas.

 **¿Qué le sucedió al refresco que Frank dejó afuera de su casa?**

La nieta de Frank le da
una paleta helada.

**CONÉCTATE**

**www.science.mmhschool.com**
Para aprender más sobre el tema.

# HAZ TU PROPIO LIBRO

Haz un libro sobre la materia.

- Escribe qué es la materia.

- Escribe tres propiedades de la materia.

- Escribe algo sobre los sólidos, los líquidos y los gases.

# DIBUJOS DE LA MATERIA

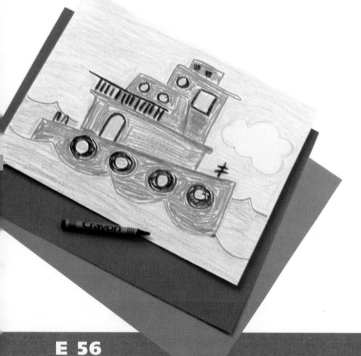

Haz un dibujo de cada cosa:

- una mezcla de sólidos

- una mezcla de aceite y agua

- algo que flote

- algo que se hunda

- algo que se derrita

UNIDAD

# F

# En movimiento

**¡Mira!**

Imagínate que estás aquí. ¿Qué sonidos escuchas? ¿Qué puedes sentir? ¡Echa un vistazo!

# En movimiento

# Fuerza y movimiento

## ¿Te has preguntado?

¿Cómo se mueven los patinadores?
Se deslizan sobre el hielo.

**DESTREZA DE INVESTIGACIÓN**

**Predice** si es más fácil patinar sobre hielo o sobre madera.

# Las cosas se mueven

## Para comenzar

El niño tiene un monopatín. ¿Qué debe hacer para que se mueva?

### Destreza de investigación

**Observas** cuando usas tus sentidos para averiguar algo sobre las cosas que te rodean.

# Actividad: ¡A explorar!

## ¿Cómo puedes mover las cosas?

cosas pequeñas

### ¿Qué hacer?

**1** Escoge algo para moverlo.

**2** Escribe o di lo que hiciste para moverlo.

**3** MÁS INVESTIGACIÓN Haz lo mismo con las demás cosas. ¿Qué **observaste** sobre la forma de moverlas?

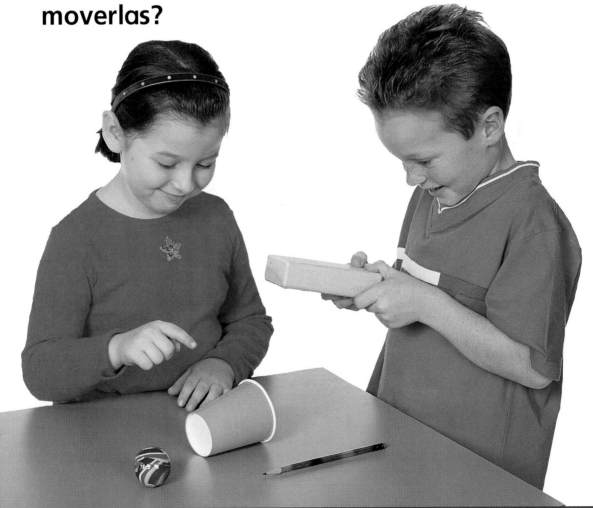

# ¿Qué hace que se muevan las cosas?

Puedes **empujar** para mover algo. Al empujar, alejas las cosas de ti.

empujar

jalar

También puedes **jalar** para mover algo. Al jalar acercas las cosas hacia ti.

Al jalar o al empujar usas una **fuerza**. Una fuerza puede mover algo. Con una fuerza pequeña se puede mover algo liviano. Con una fuerza grande se puede mover algo pesado. Cuanta más fuerza uses, lo que jalas o empujas se mueve más rápido.

¿Qué niños están jalando?
¿Qué niños están empujando?

jalar y empujar

# ¿Cómo puedes decir dónde está algo?

La **posición** es el lugar donde está una cosa. Con ciertas palabras puedes indicar la posición de una cosa. Dentro, afuera, arriba y abajo son palabras que indican posición.

arriba

abajo

dentro

afuera

¿Qué palabras indican la posición de los gatos?

# Piensa y escribe

**1.** ¿Cómo puedes mover las cosas?

**2.** ¿Qué palabras indican posición? Nombra algunas de ellas.

**CONÉCTATE** www.science.mmhschool.com
Para aprender más sobre el tema.

**F 9**

# Medir el movimiento

## Para comenzar

La mujer salta. ¿Cómo puedes averiguar hasta dónde salta?

### Destreza de investigación

**Mides** cuando hallas la distancia o el recorrido de algo.

# Actividad: ¡A explorar!

## ¿Tu estimación coincide con tu medición?

### ¿Qué hacer?

**1** Coloca la goma de borrar sobre la hoja de papel. Marca su lugar con una X.

**2** Pide a un compañero o compañera que mueva la goma de borrar a otro lugar en la hoja de papel. Estima la distancia entre los dos lugares de la goma de borrar. Anota tu estimación en una tabla.

**3** MÁS INVESTIGACIÓN Mide la distancia entre los dos lugares de la goma de borrar. Compara esa medida con tu estimación.

# ¿Cómo puedes medir hasta dónde se mueven las cosas?

Puedes usar una regla para medir hasta dónde se mueven las cosas.

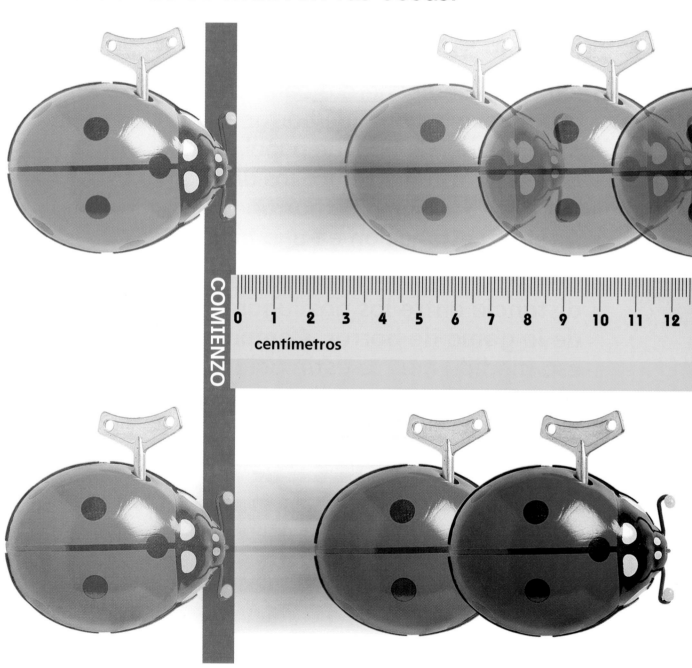

COMIENZO

| 0 | 1 | 2 | 3 | 4 | 5 | 6 | 7 | 8 | 9 | 10 | 11 | 12 |

centímetros

Coloca el extremo de la regla marcado con el 0 en el comienzo. Luego, orienta la regla hacia donde se movió el objeto. Los números muestran hasta dónde se movió.

▷ **¿Hasta dónde llegaron los juguetes?**

14  15  16  17  18  19  20  21  22  23  24  25  26  27  28  29  30  31  32  33  3

# Piensa y escribe

**1.** ¿Cómo puedes averiguar hasta dónde se mueve algo?

**2.** ¿Qué puedes usar para averiguar hasta dónde se mueve algo?

**Actividad para el hogar**

Usa una regla. Mide el largo de tu pie.

# ¿De qué maneras se mueven las cosas?

## Para comenzar

La gente sube y baja. ¿Cómo puedes averiguar de qué otras maneras se mueven las cosas?

### Destreza de investigación

**Investigas** cuando haces un plan y lo llevas a cabo.

# Actividad: ¡A explorar!

## ¿Cómo puedes cambiar la manera de moverse de las cosas?

**Necesitas**

pelota

### ¿Qué hacer?

**1** Observa la ruta marcada en el suelo.

**2** Predice cuántos golpes suaves con tu mano se necesitan para hacer rodar la pelota hasta el final de la ruta. Anota tu predicción.

**3** MÁS INVESTIGACIÓN Investiga qué debes hacer para que la pelota avance más rápido.

## ¿Cómo se mueven las cosas?

Las cosas pueden moverse de muchas maneras. Algunas cosas se mueven con rapidez y otras se mueven con lentitud. Algunas cosas se mueven en líneas curvas y otras se mueven en forma recta. Otras se mueven en zigzag. Las cosas pueden moverse hacia arriba o hacia abajo. También pueden moverse de atrás para adelante y dando vueltas y vueltas.

▷ ¿Cómo se mueven estos niños?

## ¿Qué puede cambiar la manera de moverse de las cosas?

Las fuerzas pueden cambiar la manera de moverse de las cosas. Las fuerzas pueden hacer que las cosas vayan más rápido o más despacio. Pueden hacer que las cosas comiencen a moverse o dejen de moverse. Incluso pueden hacer que las cosas cambien de dirección.

Lanzas una pelota, y ésta comienza a moverse. Atrapas una pelota, y deja de moverse. Si sueltas la pelota, cae al suelo. Las cosas, si no las sostiene algo o alguien, caen al suelo.

 ¿Jalar o empujar cambia la manera de moverse de cada cosa?

## Piensa y escribe

1. ¿Cuáles son algunas de las maneras en que se mueven las cosas?

2. ¿Qué cambia la manera de moverse de una cosa?

 **Más para leer** Lee **Acción** de Kim Taylor.

# ¿A qué velocidad se mueven las cosas?

Las cosas se mueven a diferentes velocidades. Algunas cosas se mueven más rápido que otras.

## ¡Inténtalo!

**Escritura comparativa** Elige dos cosas y escribe algo sobre ellas. ¿Cómo se mueven? ¿Cuál se mueve más despacio? ¿Cuál se mueve más rápido? Compara sus velocidades.

# ¿Cuál llega más lejos?

Cuando lanzas algo, se mueve. Algunas cosas llegan más lejos que otras. ¿Cómo puedes comparar hasta dónde llegan?

## ¡Inténtalo!

Haz avioncitos de papel de diferentes formas y tamaños. Lanza cada uno. Mide hasta dónde llega cada uno. Escribe cada medida en una tabla.

*Comienzo*

## Vocabulario

**empujar,** F6

**jalar,** F6

**fuerza,** F7

**posición,** F8

Usa las palabras del vocabulario para nombrar cada una de las ilustraciones.

**1**

**2**

**3** Cuando un objeto se mueve, cambia de ____.

**4** Para mover algo pesado, necesitas mucha ____.

## Conceptos de ciencias

**5** Di algo sobre la posición del gato.

**6** ¿Cómo podrías averiguar hasta dónde salta la mujer?

**7** ¿Qué le sucederá a la pelota si el niño no la atrapa?

## Destreza de investigación: Clasificar

Di cómo se mueve cada cosa en estas ilustraciones.

**8**

**9**

**LEE**
**El carrito de Ana** de Judy Nayer
**Mi papalote** de Cynthia Rothman

¿Te has preguntado?

**DESTREZA DE INVESTIGACIÓN** Investiga de qué maneras pueden moverse los patinadores. ¿Pueden moverse de atrás para adelante? ¿Pueden dar vueltas y vueltas?

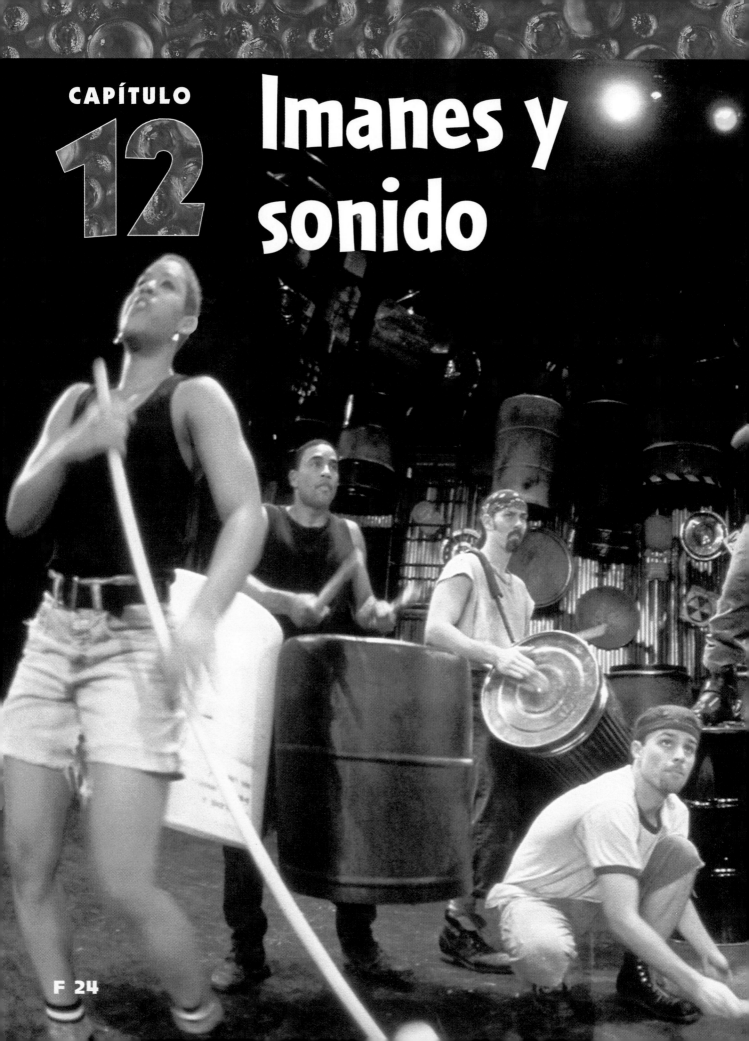

# Imanes y sonido

## Vocabulario

**atraer,** F28

**polos,** F34

**repeler,** F35

**vibrar,** F42

## ¿Te has preguntado?

¿Cómo se produce el sonido? El sonido se produce por cosas que se mueven.

**DESTREZA DE INVESTIGACIÓN**

**Investiga** cómo producir sonidos diferentes.

# Cosas que mueven los imanes

## Para comenzar

¿Qué impide que el carro de juguete se caiga?

### Destreza de investigación

**Sacas conclusiones** cuando usas lo que sabes para explicar algo.

# Actividad: ¡A explorar!

## ¿Qué se moverá hacia el imán?

imán

objetos del salón de clases

**¿Qué hacer?**

**1** Anota cada objeto en una tabla.

**2** ¿Qué objetos se mueven hacia el imán? Escribe "sí" o "no" en cada casilla de Predicción cuando creas que el objeto se moverá o no.

**3** Sostén el imán cerca de cada objeto. ¿Qué objetos se mueven? ¿Cuáles no se mueven? Escribe "sí" o "no" en cada casilla de Resultados.

**4** MÁS INVESTIGACIÓN **Saca conclusiones** sobre los objetos que se movieron. Intenta con otros objetos.

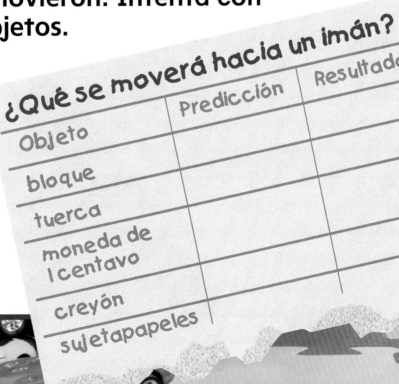

| ¿Qué se moverá hacia un imán? | | |
|---|---|---|
| Objeto | Predicción | Resultados |
| bloque | | |
| tuerca | | |
| moneda de 1 centavo | | |
| creyón | | |
| sujetapapeles | | |

# ¿Qué hace un imán?

Un imán puede jalar o **atraer** las cosas que tienen hierro. El hierro es un metal que los imanes atraen.

Las cosas pegadas al imán de la ilustración estuvieron cerca de él. La fuerza del imán es fuerte. El hierro es atraido por el imán.

▷ ¿Qué cosas atrae el imán? ¿Qué cosas no atrae el imán? ¿Por qué?

# ¿En qué se parecen y se diferencian los imanes?

Todos los imanes atraen hacia ellos las cosas que tienen hierro. No atraen cosas hechas de madera o vidrio. No atraen cosas hechas de plástico.

barras imantadas

imán para refrigerador

¡Limpia tu cuarto!

varita imantada

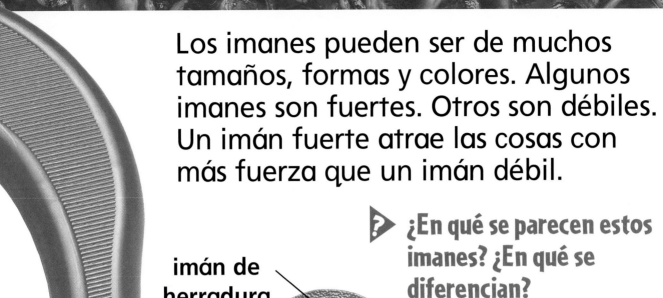

Los imanes pueden ser de muchos tamaños, formas y colores. Algunos imanes son fuertes. Otros son débiles. Un imán fuerte atrae las cosas con más fuerza que un imán débil.

▷ ¿En qué se parecen estos imanes? ¿En qué se diferencian?

imán de herradura

anillo imantado

## Piensa y escribe

1. ¿Qué cosas se moverán hacia un imán?

2. ¿Todos los imanes son iguales? Explícalo.

CONÉCTATE www.science.mmhschool.com
Para aprender más sobre el tema.

# Los polos de un imán

## Para comenzar

La niña quiere averiguar si todas las partes de un imán atraen de la misma manera. ¿Cuál crees que es su plan?

### Destreza de investigación

**Investigas** cuando haces un plan y lo llevas a cabo.

# Actividad: ¡A explorar!

## ¿Con qué parte atrae con más fuerza una barra imantada?

barra
imantada

### ¿Qué hacer?

**1** **Investiga** qué parte de la barra imantada tiene más fuerza. Haz un plan y llévalo a cabo.

sujetapapeles

**2** Dibuja el imán. Encierra en un círculo las partes de la barra imantada que atraen con más fuerza.

**3** MÁS INVESTIGACIÓN **Investiga** qué parte del imán de herradura atrae con más fuerza.

## ¿Cuáles son las partes de un imán?

Un imán tiene dos **polos**. Los polos son los puntos donde un imán atrae con más fuerza. Un polo se llama polo Norte. Se marca con una N. El otro polo se llama polo Sur. Se marca con una S.

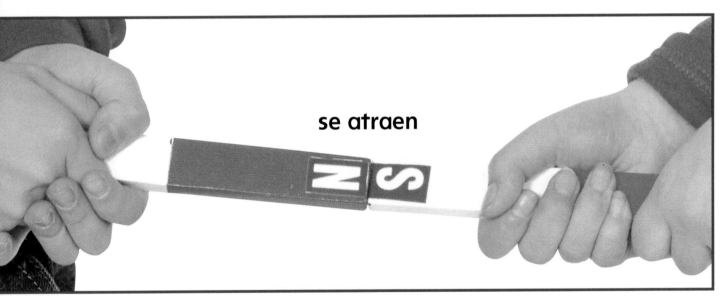

se atraen

Si colocas el polo N de un imán junto al polo S de otro, los imanes se atraen.

Los polos Norte de dos imanes se **repelen** . Repeler significa que se alejan. Polos iguales se repelen.

▷ **¿Qué sucedería si juntaras dos polos Sur?**

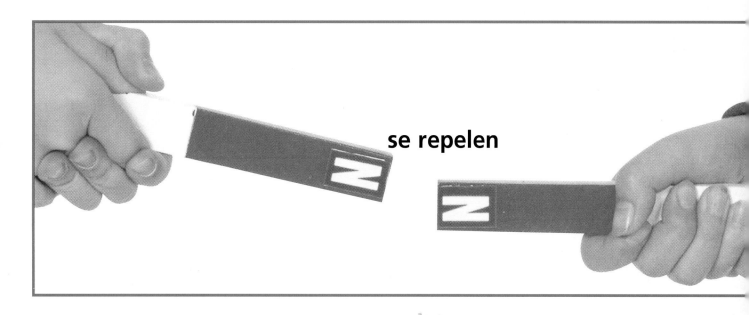

se repelen

# Piensa y escribe

**1.** ¿Qué significan una N y una S en un imán?

**2.** ¿Qué puede suceder cuando los polos de dos imanes se juntan?

**www.science.mmhschool.com**
Para aprender más sobre el tema.

# Cosas que atraen los imanes

## Para comenzar

En este juego se usa un imán. ¿Cómo funciona?

### Destreza de investigación

**Observas** cuando averiguas cómo funcionan las cosas.

# Actividad: ¡A explorar!

## ¿Pueden los imanes atraer a través de las cosas?

hoja de papel

sujetapapeles

imán

### ¿Qué hacer?

**1** Predice qué cosas atraerá un imán. Registra tus predicciones.

**2** Coloca el sujetapapeles sobre la hoja de papel. Mueve el imán debajo de la hoja de papel. ¿Qué sucede?

**3** MÁS INVESTIGACIÓN

¿Puede un imán atraer a través de otras cosas? Prueba.
**Observa** lo que sucede.

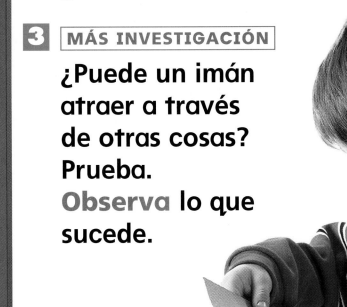

# ¿A través de qué pueden atraer los imanes?

Un imán puede atraer a través de muchas cosas, como papel y vidrio. Incluso puede atraer a través del aire. La fuerza de atracción es más fuerte cerca del imán. Es más débil cuando el imán se aleja.

Un imán puede atraer a través de cartón.

Un imán puede atraer a través de vidrio.

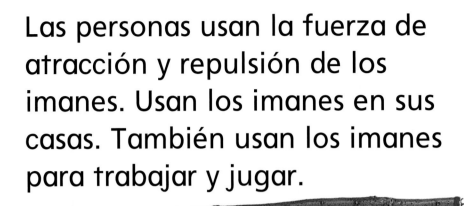

Las personas usan la fuerza de atracción y repulsión de los imanes. Usan los imanes en sus casas. También usan los imanes para trabajar y jugar.

▷ **¿Cómo usa el imán la niña de la ilustración?**

Un imán puede atraer a través del agua.

# Piensa y escribe

1. ¿Cuáles son algunas de las cosas a través de las cuales atrae un imán?

2. ¿Cómo usan las personas los imanes?

**Actividad para el hogar**  Busca imanes en tu casa.

# Cuando las cosas se mueven producen sonido

El niño toca una guitarra. ¿Cómo crees que se produce el sonido?

guitarra

## Destreza de investigación

**Infieres** cuando usas lo que sabes para explicar cómo funciona algo.

# Actividad: ¡A explorar!

## ¿Puedes producir algún sonido con un elástico?

tazón de plástico

elástico

gafas protectoras

### ¿Qué hacer?

**1** Sujeta el elástico de un lado al otro del tazón.

**¡TEN CUIDADO!** Usa gafas protectoras.

**2** Jala el elástico. Suéltalo. ¿Qué ves y escuchas?

**3** Jala el elástico de nuevo, pero en seguida interrumpe su movimiento.

**4** **MÁS INVESTIGACIÓN** ¿Qué **infieres** que produce el sonido? Escribe los pasos que seguiste para producir el sonido.

## ¿Cómo se produce el sonido?

El sonido se produce cuando las cosas **vibran**. Vibrar significa moverse de un lado a otro con rapidez.

Cuando jalas la cuerda de un arpa, vibra y produce sonido. Las cosas producen sonidos cuando las jalas, las golpeas o las soplas.

arpa

trompeta

tambor

Cualquier cosa que vibra produce sonido. Cuando algo deja de vibrar, su sonido se interrumpe.

▷ **¿Cómo se producen los sonidos en estas fotografías?**

triángulo

# Piensa y escribe

**1.** ¿Qué significa vibrar?

**2.** ¿Cuándo deja algo de producir sonido ?

**Actividad para el hogar**

Haz una lista de algunos de los sonidos que escuchas en tu vecindario.

# Explorar distintos sonidos

## Para comenzar

El niño toca un gran tambor. El hombre toca un tambor pequeño. ¿Crees que se parecen los sonidos?

**Destreza de investigación**

**Comparas** cuando dices en qué se parecen y se diferencian las cosas.

# Actividad: ¡A explorar!

## ¿Puedes escuchar sonidos iguales?

**Necesitas**

8 sonajeros

### ¿Qué hacer?

**1** ¿Qué escuchas cuando agitas cada sonajero?

**2** Explica cada sonido a un compañero o compañera.

**3** Cuatro pares de sonajeros producen el mismo sonido. Busca cada par de sonajeros que tengan el mismo sonido.

**4** MÁS INVESTIGACIÓN

**Compara** los pares que encontraste con los de tu compañera o compañero. ¿Fue fácil encontrar cada par de sonajeros?

## ¿En qué se diferencian los sonidos?

Hay muchas clases de sonidos. Algunos son suaves. Otros son fuertes. Un susurro es un sonido suave. Un camión de bomberos produce un sonido fuerte.

**camión de bomberos**

**susurro**

Algunos sonidos son agudos.
Algunos sonidos son graves.
Un silbato produce un sonido
agudo. Un sapo produce un
sonido grave.

▶ **Di algo sobre estos sonidos.**

¡croac!

silbato

sapo

# ¿Qué puedes averiguar acerca de los sonidos?

Conoces las cosas por sus sonidos. El maullido de un gato no es como el ladrido de un perro. El timbre de un teléfono no es como la alarma de un reloj despertador.

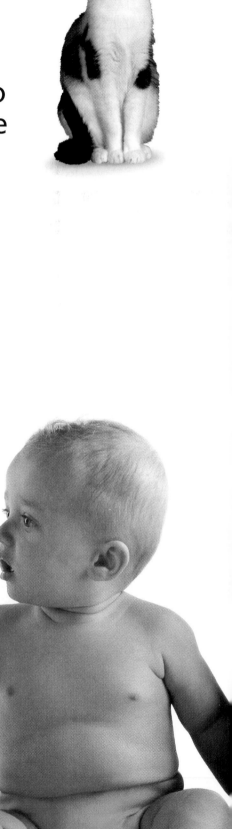

Los sonidos pueden decirte cosas.
El llanto de un bebé te dice que
algo está mal. La alarma de un
reloj te dice que despiertes.

**Mira las fotografías de
estas páginas. ¿Qué te dice
cada sonido?**

# Piensa y escribe

1. ¿Todos los sonidos son
   iguales? Explica tu
   respuesta.

2. ¿Qué te dice el sonido de
   una alarma de incendio?

**Más
para leer**    Lee **El sonido** de la colección
"Experimenta con".

# Recógelos

Puedes comparar la fuerza que tienen distintos imanes. Puedes contar cuántos sujetapapeles recoge cada imán.

## ¡Inténtalo!

Intenta recoger los sujetapapeles con dos imanes distintos. Cuenta cuántos sujetapapeles recoge cada imán. ¿Qué imán tiene más fuerza?

# Los sonidos de una casa

Los sonidos de una casa pueden ser estruendosos o suaves. Averigua cuáles son los sonidos de una casa especial. Lee *La casa y los sonidos* de Eli Samwise Woods.

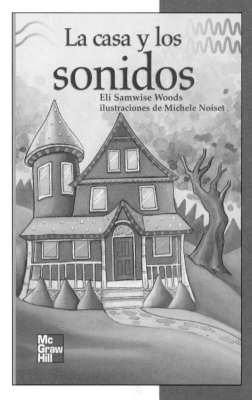

La casa y los sonidos
Eli Samwise Woods
ilustraciones de Michele Noiset

McGraw Hill

## ¡Inténtalo!

**Escribe sobre ti mismo** ¿Qué sonidos escuchas en tu casa? Habla sobre algún sonido que escuches. ¿Cómo te hace sentir? Haz un dibujo.

## Vocabulario

**atraer,** F28

**polos,** F34

**repelen,** F35

**vibran,** F42

Usa las palabras del vocabulario para nombrar cada una de las fotografías.

**1**

**2**
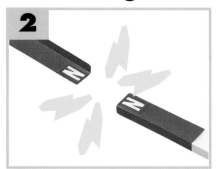

**3**

**4**
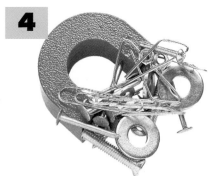

## Conceptos de ciencias

**5** ¿Qué cosas contienen hierro? Di cómo lo sabes.

**6** ¿Cómo se mueve el carro?

**7** Di en qué se diferencian los sonidos que corresponden a las ilustraciones.

**Destreza de investigación: Comunicar**

**8** Usa la gráfica. ¿Con qué parte atrae más sujetapapeles el imán? ¿Cómo lo sabes?

polo Norte

parte del medio

polo Sur

¿Te has preguntado?

DESTREZA DE INVESTIGACIÓN

Hay sonidos en todas partes. **Investiga** distintos sonidos de tu escuela y lo que indica cada uno.

## Richie Stachowski

# Inventor

¿Alguna vez has ideado algo nuevo? Richie Stachowski lo hizo. Él inventó un aparato que ayuda a que la gente hable debajo del agua. Lo hizo cuando sólo tenía diez años.

Richie Stachowski con su primer invento, llamado *Water Talkie*™

El invento de Richie se conoce como *Water Talkie*™. Lo construyó porque es difícil hablar con claridad debajo del agua. Richie probó diferentes maneras de producir sonido debajo del agua. Entonces construyó el *Water Talkie*™. Hoy, la gente usa los *Water Talkies*™ para hablar debajo del agua.

**¿Qué hace el invento de Richie?**

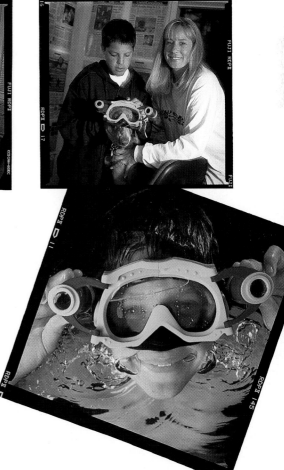

**Richie y sus padres trabajan en un nuevo invento, unos anteojos submarinos especiales. Su perra, Abigaíl, los prueba.**

**¡El producto final!**

 **www.science.mmhschool.com**
Para aprender más sobre el tema.

# Di algo sobre un juego

Di algo sobre un juego que se juega con una pelota. Responde estas preguntas sobre la pelota.

- ¿La empujas o la jalas?

- ¿Cómo se mueve?

- ¿Qué usarías para medir hasta dónde llega?

- ¿Qué puede cambiar la manera en que se mueve?

## Haz un instrumento

Usa cosas de tu salón de clases para hacer tu propio instrumento. ¿Cómo funciona tu instrumento? ¿Qué sonidos produce?

# Referencia

## Observar

**Observas** cuando usas tus sentidos para aprender sobre las cosas que te rodean.

### ¿Qué hacer?

**1** Escoge un objeto de tu salón de clases.

**2** Obsérvalo. Tócalo. Huélelo. ¿Produce algún sonido?

**3** ¿Qué **observaste** acerca del objeto? Di algo sobre este objeto.

**4** Observa otros objetos.

# Comparar

**Comparas** cuando observas en qué se parecen o diferencian las cosas.

## ¿Qué hacer?

**1** **Compara** la naranja y la manzana.

**2** Nombra dos cosas en las que se parecen.

**3** Nombra dos cosas en las que se diferencian.

**4** Compara otras cosas de tu salón de clases.

## Medir

**Mides** cuando hallas el tamaño o la cantidad de algo.

### ¿Qué hacer?

**1** Coloca los sujetapapeles de un lado al otro de tu pupitre como se muestra en la fotografía. ¿Cuántos sujetapapeles tiene de largo tu pupitre?

**2** Usa los lápices para **medir** tu pupitre. ¿Cuántos lápices tiene de largo tu pupitre?

**3** ¿Qué más podrías usar para medir tu pupitre? Inténtalo.

**Necesitas**

sujetapapeles del mismo tamaño

lápices del mismo tamaño

## Clasificar

**Clasificas** cuando agrupas según características comunes.

### ¿Qué hacer?

**1** Mira los botones.

**2** **Clasifica** los botones por color. Dibuja los grupos.

**3** Halla una nueva manera de clasificar los botones. Dibuja los grupos.

## Comunicar

**Comunicas** para compartir tus ideas. Puedes hablar, escribir o dibujar para comunicarte.

### ¿Qué hacer?

**1** ¿Cuántos niños y niñas hay en la clase hoy? Cuéntalos.

**2** **Comunica** esta información. Haz una gráfica como la que se muestra en la ilustración.

**3** Di algo sobre tu gráfica.

### Necesitas

creyones

papel para dibujar

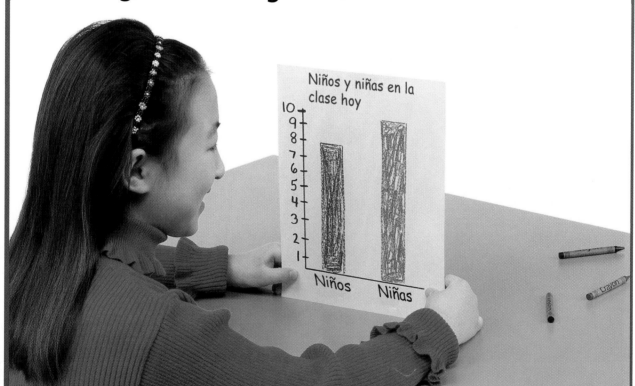

## Ordenar

**Ordenas** las cosas cuando dices lo que va primero, después y al final.

### ¿Qué hacer?

**1** Piensa en tu cuento preferido.

**2** Haz tres dibujos para mostrar lo que va primero, después y al final.

**3** Desordena tus dibujos. Pide a un amigo que los **ordene**.

**Necesitas**

creyones

papel para dibujar

## Inferir

**Infieres** cuando usas lo que sabes para averiguar otra cosa.

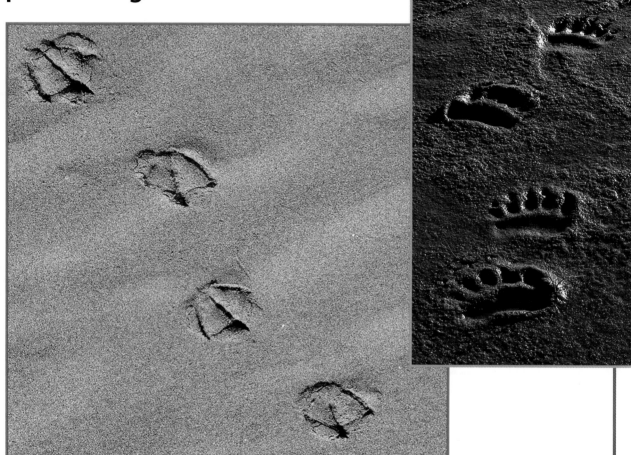

### ¿Qué hacer?

**1** ¿Qué sabes sobre las huellas de las fotografías?

**2** Usa lo que sabes para **inferir** qué grupo de huellas hizo el ave. Explícalo.

# Hacer un modelo

**Haces un modelo** para mostrar cómo es o cómo funciona algo.

## ¿Qué hacer?

**1** Piensa en un lugar de tu escuela. Planea un modelo de ese lugar.

**2** Decide cómo hacer que el modelo parezca real.

**3** **Haz un modelo.** ¿En qué se parece el modelo al lugar que elegiste? ¿En qué se diferencia?

## Predecir

**Predices** cuando usas lo que sabes para decir lo que va a pasar después.

### ¿Qué hacer?

**1** Mira la fotografía. **Predice** lo que va a pasar.

**2** Haz un dibujo para mostrar lo que va a pasar.

## Investigar

**Investigas** cuando haces un plan y luego lo llevas a cabo.

### ¿Qué hacer?

**1** ¿Cuál es la manera más fácil de llegar a la cafetería desde tu salón de clases?

**2** **Investiga** cuál es la manera más fácil. Haz un plan y llévalo a cabo.

**3** Pide a un compañero o compañera que lleve a cabo tu plan. ¿Los dos hallaron la manera más fácil?

Salón de clases

## Sacar conclusiones

**Sacas conclusiones** cuando usas lo que observas para explicar lo que sucede.

### ¿Qué hacer?

**1** Mira la fotografía. ¿Qué observas?

**2** ¿Puedes **sacar una conclusión** sobre lo que está mal? Explícalo.

# Ahorra y recicla

## No debemos desperdiciar las cosas.

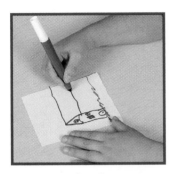

Usa sólo lo que necesitas.

No dejes abierta la llave del agua.

Recicla todo lo que puedas.

Usa las cosas más de una vez.

# Cuida a los animales

Estas son algunas maneras de cuidar a los animales.

- Dales alimento y agua a tus mascotas. También dales un lugar seguro para vivir.

- Sé considerado con tus mascotas. Trátalas con cuidado.

- No toques animales sin domesticar. Pueden morderte, picarte o rasguñarte.

- No toques las cosas en los lugares donde viven animales sin domesticar.

# Cuida las plantas

Estas son algunas maneras de cuidar las plantas.

- Riega las plantas y ponlas en un lugar soleado.

- Pregunta al maestro o maestra antes de tocar o comer una planta. Algunas plantas pueden causarte una enfermedad.

- No desentierres las plantas ni cortes las flores. Deja que las plantas crezcan donde están.

# Limpia

## Necesitamos mantener limpios los lugares donde trabajamos.

Deja que un adulto recoja los vidrios rotos.

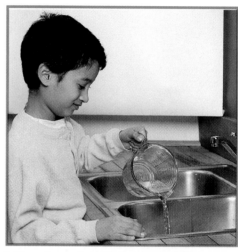

Vierte el agua en el fregadero, no en el basurero.

Guarda los alimentos en bolsas de plástico. Eso mantiene alejados a los insectos.

No te ensucies con pintura ni alimentos.

# ¿Cómo mides?

Puedes usar objetos para medir. Pon los objetos en fila y cuéntalos. Usa objetos del mismo tamaño.

Esta cuerda mide aproximadamente 8 sujetapapeles de largo.

Esta cuerda mide aproximadamente 2 manos de largo.

## ¡Inténtalo!

- Mide una cuerda. Di cómo lo hiciste.

- ¿Puedes medir la cuerda con estos sujetapapeles? ¿Por qué?

# Mide en centímetros

Puedes usar una regla para medir. Puedes medir en centímetros (cm). A esto se le llama unidad de medida.

Puedes medir en centímetros el insecto de la ilustración. Alinea el extremo del insecto con el 0 de la regla. El insecto mide aproximadamente 4 centímetros de largo. Escribimos esto como 4 cm.

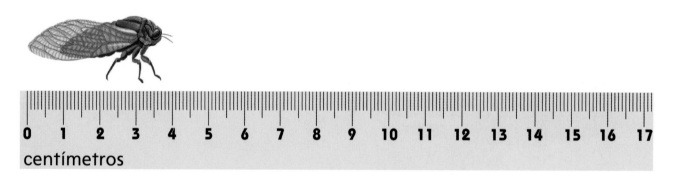

## ¡Inténtalo!

Mide el lápiz. Di cuánto mide de largo.

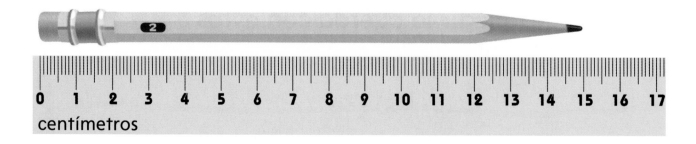

# Mide en pulgadas

También puedes medir en pulgadas (pulg). Este juguete mide 3 pulgadas, ó 3 pulg, de largo.

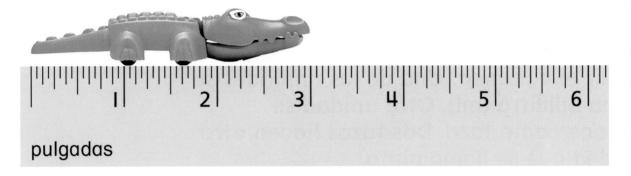

pulgadas

Puedes estimar cuánto mide algo. Cuando estimas, calculas aproximadamente la longitud. Luego puedes usar una regla para medir objetos.

## ¡Inténtalo!

Estima cuánto mide cada objeto. Luego, mídelos con una regla.

| Objeto | Estimación | Medida |
|---|---|---|
| moneda de 1 centavo | aproximadamente ____ pulg | ____ pulg |
| carrito de juguete | aproximadamente ____ pulg | ____ pulg |

# Usa una taza graduada

El volumen es la cantidad de espacio que ocupa una cosa. Puedes usar una taza graduada para hallar el volumen.

Puedes usar diferentes unidades para medir el volumen. Una de las unidades se llama mililitro (ml). Otra unidad se conoce como taza. Dos tazas hacen otra unidad que se llama pinta.

# ¡Inténtalo!

- Busca un recipiente. Estima cuánta agua puede contener.

- Llena el recipiente con agua. Mide el agua en pintas o tazas. ¿Tu estimación fue correcta?

# Usa una balanza

En una balanza se comparan masas.

Coloca un objeto en cada lado de la balanza. El objeto que tiene más masa hará que su lado de la balanza baje. El objeto con menos masa subirá.

## ¡Inténtalo!

Coloca dos objetos en una balanza. ¿Cuál tiene más masa?

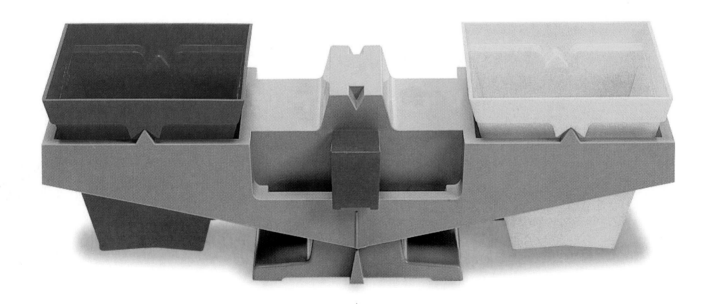

Antes de comparar las masas, asegúrate de que la flecha apunte a la línea.

# Usa una báscula

Una báscula mide el peso. Puedes medir el peso en libras (lb). Puedes medir el peso de frutas y verduras. También puedes medir tu peso.

## ¡Inténtalo!

- ¿Cuánto pesas? Primero, estima tu peso. Luego, usa una báscula para medirlo.

- Mide tu peso cada mes. Anótalo en una tabla. Observa cómo cambia tu peso a medida que creces.

# Usa un termómetro

Un termómetro mide la temperatura.
Dentro del termómetro hay un líquido.

Cuando hace calor, el líquido sube.

Cuando hace frío, el líquido baja.

¿Qué termómetro muestra mayor
temperatura? ¿Cómo lo sabes?

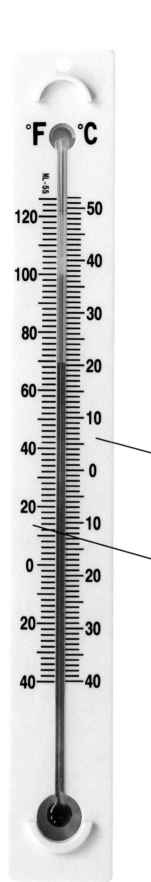

grados
centígrados

grados
Fahrenheit

Un termómetro tiene marcas con números. Las marcas muestran grados Fahrenheit y grados centígrados.

Lee este termómetro en grados centígrados. Mira los números del lado derecho. Halla el número donde llega el líquido.

## ¡Inténtalo!

¿Qué temperaturas se muestran en la página R 24?

# Usa instrumentos para medir el tiempo

Puedes medir el tiempo con varios instrumentos. Un termómetro es un instrumento que indica qué temperatura hace afuera.

Un pluviómetro indica la cantidad de lluvia que cae. Tiene un frasco donde cae la lluvia. También tiene una regla para medir cuánta lluvia cae dentro del frasco.

pluviómetro

catavientos

Algunos instrumentos te ayudan a medir el viento. Un catavientos indica hacia dónde sopla el viento.

Un anemómetro mide la fuerza con que sopla el viento. Indica la velocidad del viento.

## ¡Inténtalo!

Usa un pluviómetro. Mide cuánta lluvia cae en dos días lluviosos.

anemómetro

# Usa un reloj

**Un reloj mide el tiempo.**

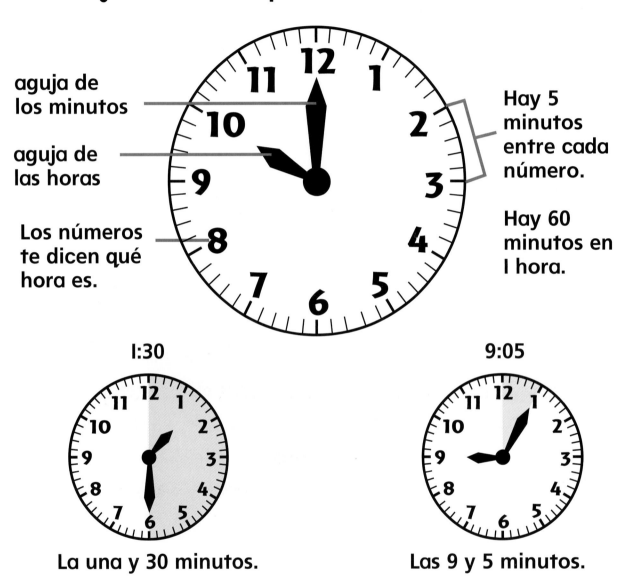

aguja de
los minutos

aguja de
las horas

Los números
te dicen qué
hora es.

Hay 5
minutos
entre cada
número.

Hay 60
minutos en
1 hora.

**1:30**

La una y 30 minutos.

**9:05**

Las 9 y 5 minutos.

# ¡Inténtalo!

**Estima cuántas horas duermes cada noche.
Luego, usa un reloj para averiguarlo.**

# Usa una lupa

Una lupa hace que los objetos se vean más grandes.

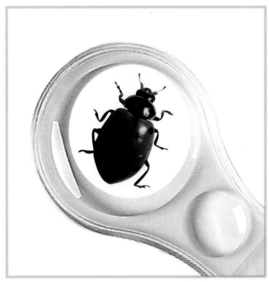

Primero, aleja la lupa del objeto. Detente cuando el objeto se vea borroso.

Luego, acerca la lupa un poco al objeto. Detente cuando el objeto se vea claro.

## ¡Inténtalo!

- Observa estos insectos. Usa una lupa.

- ¿Cuántas patas tienen los insectos?

- ¿Qué más puedes ver?

# Usa una computadora

Puedes usar una computadora para obtener información.

Puedes usar los CD-ROM. En estos se guarda mucha información. ¡Puedes guardar muchos libros en un solo CD-ROM!

También puedes usar Internet. Internet conecta tu computadora con otras muy lejanas.

## ¡Inténtalo!

Usa Internet. Visita www.science.mmhschool.com y aprende más sobre las ciencias en tu mundo.

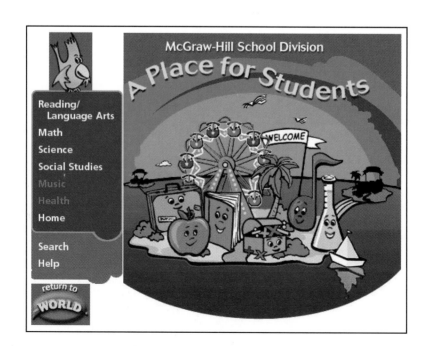

# Tu cuerpo

## Cada parte de tu cuerpo tiene una función.

**cerebro**
**Tu cerebro le dice a tu cuerpo qué hacer.**

**corazón**
**Tu corazón bombea la sangre.**

**pulmones**
**Tus pulmones te ayudan a respirar aire.**

**huesos**
**Tus huesos ayudan a darle forma a tu cuerpo.**

**estómago**
**Tu estómago transforma el alimento en energía.**

**músculos**
**Tus músculos te permiten moverte.**

# Cuida tu cuerpo

Mantén limpio tu cuerpo.

Cepilla tus dientes y usa hilo
dental.

Cuida tu cabello y tus uñas.

Siéntate y párate
derecho.

Lávate las manos antes y después de comer.

En las cosas que tocas hay gérmenes. Los gérmenes pueden hacer que te enfermes.

Lávate las manos con frecuencia.

# Aliméntate sanamente

Los alimentos saludables le dan energía a tu cuerpo. Usas la energía para caminar, jugar y moverte. Necesitas energía para crecer y mantenerte sano.

Elige alimentos saludables.

La leche ayuda a que tus dientes y huesos crezcan.

Las frutas y las verduras te dan energía. También el pan y el cereal.

La carne ayuda a que tus músculos crezcan.

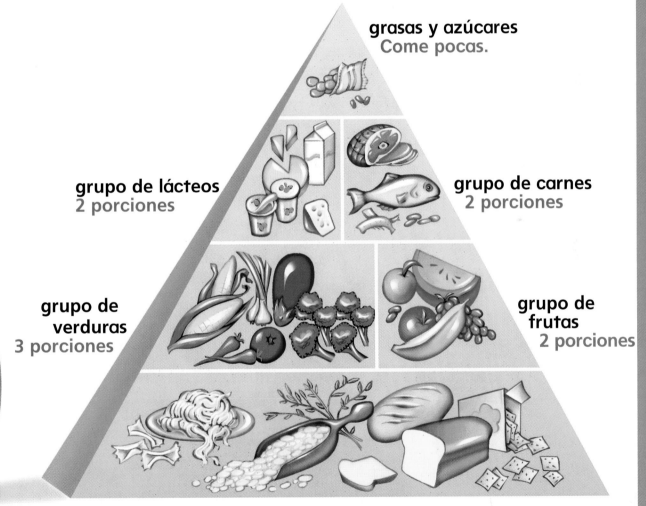

**grasas y azúcares**
Come pocas.

**grupo de lácteos**
2 porciones

**grupo de carnes**
2 porciones

**grupo de verduras**
3 porciones

**grupo de frutas**
2 porciones

**grupo de cereales**
6 porciones

# Mantente activo y descansa

Mantente activo cada día.

También asegúrate de dormir y descansar.

¡Esto te ayuda a crecer!

# Mantente sano

Visita al médico una vez al año.
Tu cuerpo crece y cambia.

Los doctores y los dentistas
pueden ayudarte a mantenerte
sano a medida que creces.

# Tu seguridad en el interior

Algunas cosas son peligrosas. Avisa a un adulto cuando encuentres algo peligroso.

¡NO TOCAR!

¡PELIGRO!

# Tu seguridad al aire libre

# Llévate bien con los demás

Trabaja y juega con los demás.

Respeta los sentimientos de los demás.

Sé amable con los demás.

# Glosario

**A**

**agallas** partes del cuerpo que los peces usan para respirar *(página B17)* **Todos los peces tienen agallas.**

agallas

**anfibios** animales que viven en la tierra y en el agua *(página B18)* **Las ranas son anfibios.**

**atraer** hacer que una cosa se acerque; jalar *(página F28)* **Los imanes atraen el hierro.**

**B**

**balanza** instrumento para medir masas *(página E14)* **El lado con más masa bajará en la balanza.**

**www.science.mmhschool.com**
Para obtener más información sobre el tema.

**bosque** lugar lleno de árboles y plantas *(página B41)* **Los árboles de este bosque son muy altos.**

**C**

**cadena alimentaria** serie de seres vivos que se alimentan unos de otros *(página B35)* **El saltamontes, la musaraña y el coyote forman parte de una cadena alimentaria**

**clasificar** agrupar según características comunes *(página B14)* **Estos animales se pueden clasificar.**

**comparar** ver en qué se parecen o diferencian las cosas *(página A10)* **Esta niña compara la esponja con la pelota.**

**comunicar** transmitir información hablando, escribiendo o dibujando *(página A30)* **) Este niño dibuja para comunicar lo que observa.**

**congelarse** convertirse un líquido en sólido *(página E48)* **El agua se congela cuando hace mucho frío.**

**constelación** grupo de estrellas que forma una figura en el cielo *(página C15)* **Esta constelación parece una cuchara.**

**contaminación** suciedad que daña la tierra, el aire o el agua *(página D40)* **La contaminación del aire es mala para nuestros pulmones.**

**D**

**derretirse** convertirse un sólido en líquido; fundirse *(página E46)* **La mantequilla se derrite con el calor.**

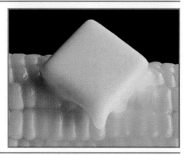

**desierto** lugar donde llueve muy poco *(página B40)* **Los desiertos son muy secos.**

**E**

**empujar** hacer fuerza para que una cosa se aleje o se mueva delante de uno *(página F6)* **El niño empuja para mover el carrito.**

**estación** cada una de las cuatro partes en que se divide el año *(página C40)* **La primavera es la estación que viene después del invierno.**

**estrellas** objetos que brillan con su propia luz en el cielo *(página C6)* **El Sol es una estrella.**

# F

**flor** parte de la planta que produce las semillas *(página A48)* **Las semillas están dentro de la flor.**

**flotar** estar en el agua sin hundirse *(página E41)* **Algunos sólidos flotan.**

**fruto** parte de la planta que envuelve las semillas *(página A48)* **Dentro de este fruto hay semillas.**

**fuerza** causa por la que se mueven las cosas *(página F7)* **Cuando jalas o empujas usas una fuerza.**

**G**

gas materia que ocupa todo el espacio del recipiente que la contiene *((página E24)* **Las burbujas están llenas de gas.**

**H**

hacer un modelo mostrar cómo es o cómo funciona algo *(página B38)* **Puedes hacer un modelo para mostrar dónde vive el oso polar.**

hojas partes de la planta que elaboran alimento *(página A38)* **Las hojas necesitan luz para producir alimento.**

hundirse caer al fondo de una cosa *(página E41)* **Muchos sólidos se hunden en el agua.**

**I**

inanimado que no está vivo; que no nace ni crece ni muere *(página A13)* **Los carros son objetos inanimados.**

**inferir** pensar en lo que se sabe para averiguar otra cosa *(página C10)* **Podemos inferir que el niño llora porque necesita algo.**

**insectos** animales que tienen seis patas y el cuerpo dividido en tres partes *(página B19)* **Este animal es un insecto.**

**investigar** estudiar algo de forma planeada *(página D44)* **Este niño investiga lo que ocurre con el agua en los tallos.**

**invierno** estación que sigue al otoño *(página C48)* **A veces nieva en invierno.**

**J**

**jalar** hacer fuerza para que una cosa se acerque o se mueva detrás de uno *(página F6)* **El niño jala para mover el carrito.**

**L**

**laguna** pequeña masa de agua dulce *(página B43)* **Este pájaro vive junto a una laguna.**

**líquido** materia que fluye y toma la forma del sitio donde está *(página E18)* **El agua es un líquido.**

**M**

**mamíferos** animales con pelo que producen leche para alimentar a sus crías *(página B12)* **Este animal es un mamífero.**

**masa** cantidad de materia que hay en una cosa *(página E9)* **La bola de metal tiene más masa que la pelota.**

**materia** cosa de que están hechos todos los objetos *(página E6)* **Este bloque está hecho de materia.**

**medir** hallar el tamaño o la cantidad de algo *(página F10)* **Con la regla puedes medir el largo del carrito.**

**mezcla** resultado de juntar dos o más cosas *(página E36)* **Esto es una mezcla de sólidos.**

**minerales** materiales de que están hechas las rocas *(página D6)* **Los minerales son un recurso natural.**

**N**

**nube** conjunto de gotitas de agua suspendidas en el cielo *(página C30)* **) La lluvia y la nieve caen de las nubes.**

**O**

**observar** ver, oír, oler, tocar o probar una cosa *(página A4)* **Esta niña observa un globo.**

**océano** enorme masa de agua salada *(página B42)* **La vista no alcanza el final del océano.**

**orden** lo que va primero, después o al final *(página B32)* **Estas figuras están en orden.**

**otoño** estación que sigue al verano *(página C46)* **Las hojas de muchos árboles cambian de color en otoño.**

**oxígeno** parte principal del aire que necesitamos para vivir *(páginas A23 y D24)* **Respiramos el oxígeno del aire.**

**P**

**planetas** enormes bolas de roca que giran en torno al Sol *(página C18)* **La Tierra es un planeta.**

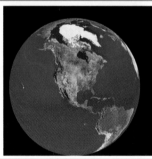

**plántula** planta muy joven *(página A46)* **Esta es una plántula de frijol.**

**polos** puntos donde un imán atrae con más fuerza *(página F34)* **Un imán tiene dos polos.**

**posición** lugar donde está una cosa *(página F8)* **La posición del gato es dentro de la caja.**

**pradera** lugar lleno de hierba *(página B41)* **Muchos animales se alimentan en las praderas.**

**predecir** usar lo que uno sabe para decir lo que va a pasar *(página C4)* **Puedes predecir que una planta brotará de la semilla.**

**primavera** estación que sigue al invierno *(página C40)* **La gente planta sus jardines en primavera.**

**propiedad** cosa que distingue a un objeto de otros (forma, tamaño, color, sabor, olor, etc.) *(página E8)* **Estos objetos tienen distintas propiedades.**

**pulmones** partes del cuerpo que las aves, los reptiles y los mamíferos usan para respirar *(página B16)* **Todos los pájaros tienen pulmones.**

**R**

**raíz** parte de la planta que absorbe el agua de la tierra *(página A32)* **Esta raíz tiene muchos hilos.**

**reciclar** convertir cosas usadas en objetos útiles *(página D47)* **El papel usado se recicla para hacer papel nuevo.**

**recurso natural** algo útil que viene de la naturaleza *(página D8)* **Las rocas son un recurso natural.**

**reducir** disminuir el tamaño, la cantidad y medida de algo *(página D48)* **Si usas trapos de tela reduces el gasto de papel.**

**refugio** lugar donde un animal vive o se protege *(página B7)* **Este animal tiene su refugio en un árbol.**

**regla** instrumento que sirve para medir el largo, el ancho o la altura de las cosas *(página E14)* **Con una regla se pueden medir muchas cosas.**

**renacuajo** rana joven *(página B24)*
**Éste es un renacuajo.**

**repeler** alejar *(página F35)*
**Estos imanes se repelen.**

**reptiles** animales de piel escamosa que no tienen patas o que tienen patas tan cortas que caminan arrastrando el cuerpo *(página B18)*
**Las tortugas son reptiles.**

**reutilizar** volver a usar *(página D46)* **Este envase de leche se reutiliza como comedero de pájaros.**

**rocas** material sólido de la Tierra; piedras *(página D6)* **Las rocas son muy variadas.**

**romper el cascarón** salir de un huevo *(página B23)* **Este patito acaba de romper el cascarón.**

**S**

**sacar conclusiones** usar lo que se observa para explicar lo que sucede *(página E16)* **Puedes sacar una conclusión sobre lo que ha pasado con la leche.**

**semilla** parte de la planta que produce una planta nueva *(página A42)* **Hay muchos tipos de semillas.**

**sentidos** las cinco capacidades que usamos para conocer el mundo que nos rodea *(página A6)* **Estas niñas están usando los sentidos de la vista y el tacto.**

**ser vivo** lo que nace, crece, cambia, se reproduce y muere *(página A12)* **Las plantas son seres vivos.**

**sólido** materia que mantiene su forma *(página E12)* **Las manzanas son sólidos.**

**suelo** superficie terrestre formada por trocitos de roca, aire, agua y restos de animales o plantas *(página D12)* **En el suelo hay seres vivos y cosas inanimadas.**

**tallo** parte de la planta que transporta agua y alimento *(página A36)* **Este tallo es verde y delgado.**

tallo

**taza graduada** instrumento que mide cuánto espacio ocupa un líquido *(pagina E20)* **La taza graduada se usa para medir líquidos.**

**temperatura** cantidad de calor *(página C7)* **Aquí la temperatura es muy alta.**

**tiempo** estado del aire y del cielo *(página C28)* **Aquí hace buen tiempo.**

**tronco** tallo de un árbol *(página A37)* **Este tronco es muy grueso.**

**V**

**verano** estación que sigue a la primavera *(página C42)* **En verano puede hacer mucho calor.**

**vibrar** moverse repetidamente de un lado a otro *(página F42)* **Las cuerdas vibran.**

**viento** aire en movimiento *(página C28)* **Aquí sopla el viento.**

# Credits

**R 56**

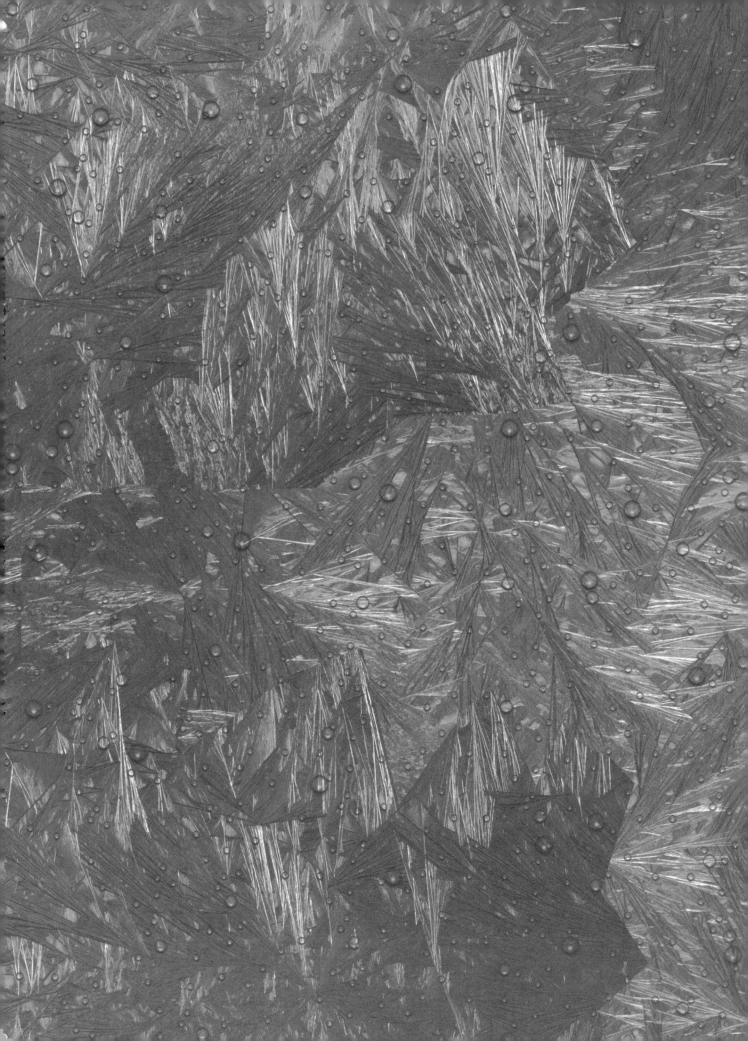